RETRATOS LEGENDARIOS DEL

FÚTBOL

A Thierry Amsellem
A Bernard Comment
A Sir Alex Ferguson

EDIMAT LIBROS, S.A.
Calle Primavera, 35
Polígono Industrial El Malvar
28500 Arganda del Rey
www.edimat.es
MADRID-ESPAÑA

Copyright © para lengua castellana EDIMAT LIBROS, S.A., España, 2013
Título original "Portraits mythiques du football"
© 2011, Copyright SA - 12, villa de Lourcine - 75014 Paris, France

ISBN: 978-84-9794-183-9
Depósito legal: M-11451-2013

Diseño gráfico: Marina Delranc
Maquetación: Pierre Gourdé
Fotograbado: Peggy Huynh-Quan Suu
Fabricación: Cédric Delsart y Stéphanie Parlange
Edición: Marie Baumann

RETRATOS LEGENDARIOS DEL
FÚTBOL

Prólogo:
Éric Cantona

Textos:
Bernard Morlino

EDIMAT
LIBROS

ÍNDICE

LOS REBELDES

82 a 97

Paul Gascoigne	86
George Best	88
Ronaldinho	92
Éric Cantona	94

LOS REYES

98 a 105

Raymond Kopa	102
Bobby Charlton	106
Garrincha	110
Francisco Gento	114

LOS PERROS DE PRESA

116 a 127

Frank Rijkaard	120
Clarence Seedorf	122
Paul Scholes	124
Lothar Matthäus	126

LOS TIRADORES DE ÉLITE

128 a 143

Justo Fontaine	132
Gerd Müller	136
Ronaldo	138
Raúl González Blanco	140
Cristiano Ronaldo	142

Para los futbolistas en activo: recuentos realizados hasta abril de 2013.

Para Sir Alex Ferguson,
Dominique Rocheteau
y Hugo Lloris

SE ABRE EL TELÓN

—¿Todavía se juega al fútbol en la calle?

—Sí, aún se juega en algunos sitios, aunque en otros, cada vez menos.

Un niño pasa por la calle. Es el hijo de un amigo.

—Dime, Hugo ¿cuántos entrenamientos tienes con tu equipo?

—Dos…

—¿A la semana?

—Sí, a la semana.

—Y el resto del tiempo, ¿juegas al fútbol?

—No…

—¿No juegas, en la calle o en cole? ¿No tienes un sitio para reunirte con tus amigos y jugar?

—Bueno, con mis amigos juego al fútbol, pero en la consola.

En el país de la tecnología, los regateadores se han quedado pegados a la pantalla. Los estetas, los reyes, y el resto, también. A través del mando, pueden ser Maradona, Cruyff o Beckenbauer.

Pero, ¡dense más vida, amigos! ¡Más pasión y más goles marcados en el último minuto de la final de la Copa del Mundo, con una destreza sin par en la escuadra de la puerta del garaje del edificio!

¡Más sudor en la frente, suden la camiseta de sus ídolos, una camiseta blanca en la que escribieron con rotulador negro el nombre de Maradona, y dibujado su mítico «10»!

¡Y más barro en los zapatos!

Y las rodillas destrozadas. ¿Qué es eso de los videojuegos?

Me han llegado a decir que hasta sudan, que con los nervios del juego dejan la camiseta empapada, recostados en el sillón o echados sobre la alfombra o las baldosas. Dependiendo del medio social, lo único que varía es la calidad o el número de consolas por amigo. El fondo no cambia. Ya no se juega al fútbol en la calle, y si se juega, se juega muy poco. Cada vez menos. Aquellos que, a pesar de todo, siguen jugando en cualquier lugar y cualquier momento, son, como siempre, los que destacan en el partido de los domingos por la mañana. Y es que si lo que aprendemos en el entrenamiento es importante, no lo es menos lo que se aprende en la calle.

¿Y si aquellos que están enganchados a los videojuegos limitasen el tiempo que pasan delante de la pantalla y bajasen a la calle a poner en práctica, durante unas horas, lo que saben hacer con los mandos? ¿Por qué no? Podría estar bien… Los videojuegos tendrían una influencia positiva en el fútbol, que se enriquecería a efectos de belleza y espectáculo. Así que ya saben, ¡todo el mundo a la calle!

Tiempo y risas y llantos ganados con el sudor de la frente y el placer del juego. Realidad. El mundo es real y el balón, su mejor amigo. Y así, quizás un día, los sueños puedan hacerse realidad, y puedan pasar a estar entre todos estos enamorados del fútbol que mi amigo Bernard Morlino ha escogido y clasificado.

Éric Cantona, Manchester 2008

EL FÚTBOL, CONSIDERADO UN ARTE

«No hay misterio en el fútbol, ese misterio tiene que crearlo uno mismo».
Garrincha.

El fútbol no se limita a victorias y dinero. Ante todo, tiene una historia. Los clubes que no tienen pasado, o que lo ocultan, no llegan lejos. Sin memoria, somos amnésicos o tenemos alzhéimer, o lo que es lo mismo, estamos condenados al inmovilismo. El hombre siempre le ha dado patadas a todo lo que se le cruzaba por delante. Un día, Albert Camus desvió su trayectoria, en la calle Madame, para darle una patada a un envoltorio. «¿Por qué has hecho eso?», le preguntó su amigo Víctor Peroni. «Porque no he podido contenerme», respondió el que fuese guardameta del Racing universitario de Argel, despreciado por la inteligencia que en esos momentos ignoraba que bautizaría a su primera compañía de teatro como «*L'Équipe*». Camus creía que el fútbol era de izquierdas y el *rugby*, de derechas. Amaba el compañerismo del vestuario, que luego encontraría entre bastidores y en el seno de los periódicos, entre los linotipistas.

Hoy día, hay ignorantes que consideran el deporte rey como el opio del pueblo. A ellos, la cultura; a nosotros, la idiotez. Sin embargo, ni las viejas glorias, ni los sociólogos, ni los universitarios, ni ningún otro aguafiestas van a conseguir echar por tierra la pasión de un jugador aficionado que lleva siguiendo el fútbol de cerca desde 1959. En mi casa, el fútbol fue al principio político. Por un lado, tenía a un hermano de mi madre que despreciaba a mi padre, nacido en un medio obrero. Del lado materno, solamente había notarios, médicos, ingenieros y educadores. Del lado de mi padre, nada, a excepción de mi abuelo panadero, ayudado por la asistencia pública. Mi padre no era bienvenido en las reuniones familiares, donde no osaba hablar. Y el hecho de que jugase al fútbol no mejoraba la situación. Para apoyarle, me acerqué a él y me aficioné a su pasión. Estaba a favor de «lo más bajo de la sociedad», frente a «la flor y nata». De joven, mi padre había sido la estrella de un equipo de barrio, el de la *Corne d'Or*, en Niza. Nacido en 1923, tenía 16 años cuando estalló la guerra y 20 cuando acabó. Imposible continuar a nivel profesional, más aún teniendo en cuenta que su familia política hubiese considerado que se dedicaba a la vida contemplativa, en lugar de llevar dinero a casa.

Los detractores se limitan a ver la violencia de una fracción de sus seguidores, así como el aspecto político-económico. Pero no tienen ni una palabra para el deporte en sí mismo, obsesionados con las gradas, que reconfortan su estrechez de espíritu. Sin embargo, los banderines no son sino el reflejo del pensamiento de nuestra época. Sería lo mismo que hablar de cine sin mencionar a Jean Renoir o a John Cassavetes, que interesarse únicamente por las películas de Max Pecas. La necesidad de iconos hace que demos importancia a los tatuajes de un jugador, sin acordarnos de que, en los años 50, el delantero centro húngaro Nandor Hidegkuti invirtió los roles, prefiriendo hacer marcar a Puskas y Kocsis. El fútbol molesta a mucha gente porque se le dedican muchos programas, amén de los encuentros que se televisan. Todas las noches, tres emisoras radiofónicas reservan su antena para el esférico. Los futbolistas no tienen la culpa de que los escritores o los pintores ya no sepan hacerse querer.

¿Quién es capaz de citar alguna película rodada en 1982? Nadie. Sin embargo, todo el mundo sabe que el encuentro Francia – RFA (República Federal Alemana) se jugó ese mismo año. Si las top models han ocupado el puesto de las actrices, los futbolistas han hecho lo propio con el de los actores. No tanto en las pantallas, como en el corazón del público. En el terreno se juega; los días del cine pasaron. El aspecto guerrero es ínfimo en el juego: no hay que confundir fuerza con violencia, agresividad con agresión. Y si a veces hay excesos, esta no es una razón de peso para prohibir el fútbol. ¿O acaso cerramos las carreteras cuando hay un accidente mortal? La gente sigue teniendo hijos durante la guerra.

El fútbol cuenta con una dimensión mística, siempre esperamos que algo maravilloso tenga lugar durante el partido, bellas acciones, no milagros. Una derrota supone una muerte, pero, de una semana a otra, los jugadores renacen, excepto cuando mueren sobre el terreno de juego. ¿Dopaje? Los partidos no se juegan en Marte, y oponen a hombres, no a robots. A propósito de excesos, Blondin parecía no hacerles caso mientras se emborrachaba en la habitación de Anquetil, quien, por su parte, se pinchaba en los glúteos. En 1971, Johan Cruyff ganaba 30.000 francos (unos 4.600 euros) al mes en el Ajax de Amsterdam, mientras que, en 2008, Thierry Henry gana 759.000 euros mensuales en el Barcelona. El holandés debió haber nacido más tarde... Pensamos que los jugadores están demasiado bien pagados. Malraux señaló en cierta ocasión que el cine era «una industria», lo mismo podríamos decir del fútbol. Lo que no impide que, en el terreno de juego, el brasileño Kaká se convierta en un desconocido que quiere jugar a ser poderoso. Centrarse en los salarios astronómicos de los jugadores supone ignorar la cantidad de dinero que hacen ganar. Los derechos televisivos del campeonato inglés se vendieron por 300 millones de euros. En cuanto al francés, alcanzó la módica suma de 6 millones. Al mundo no le interesa un PSG – OM (Paris Saint-Germain – Olympique de Marseille). Sin embargo, se apasiona por un Manchester United – Chelsea (visto por millones de telespectadores). Los tiempos de los «fondos reservados» del Saint Étienne, que permitía a ciertos jugadores cobrar cantidades libres de impuestos, han pasado.

El fútbol es un arte que se comprende en todo el globo sin necesidad de traducción. Una partitura de Mahler debe interpretarse. En el fútbol, se juega en directo, jamás en *play back*. El aspecto patriótico no es impedimento para apreciarlo. Leer a Proust no implica que no se pueda amar a Fernando Pessoa. Adelantándose a la sociedad, la selección francesa incluyó extranjeros desde 1931. Y no es solo que muchos «tricolores» vengan de fuera, sino que muchos de ellos evolucionan fuera de nuestras fronteras. ¿Acaso un actor francés debe dudar entre Arnaud Desplechin y Martin Scorsese? Desde que llegase al Bayern de Múnich, Franck Ribéry declaró «¡Jamás volveré a jugar en Francia!» Nuestro país no es más que un basto centro de formación. La guerra mediática empuja a las cadenas a venderse: durante los partidos, los comentaristas hacen una pregunta estúpida a los telespectadores, incitándoles a que llamen con la esperanza de ganar un coche por sorteo. Es lo que se dice «vender su alma al diablo». Al haberse extendido más de la cuenta, la moda de los consejeros transforma a los periodistas en meros retransmisores de la información. Los intereses cercenan la palabra y los jugadores parece que conceden entrevistas cuando, en realidad, ya han firmado un contrato de exclusividad con el jefe de quien sostiene el micrófono.

¿Se juega con un balón ovalado en China, en África o en Brasil? Nos agobian con los valores de lo oval, pero los amantes del *rugby* no cesan de insultarnos mediante la prensa. Las reglas del juego de XV o XIII son incomprensibles para el común de los mortales.

El Estadio de Francia atrae a la clientela con sus cantantes en busca de reconocimiento, sus fuegos artificiales o sus bailarinas desnudas sobre descapotables en medio de vaquillas. Platini y la UEFA deberían volver a instaurar los previos con partidos de jóvenes: no hay nada que tranquilice más que ver a los niños jugar antes que los adultos. El fútbol ilustra el mito de Sísifo. Siempre hay que comenzar de nuevo. Los franceses cuentan con un magro palmarés: una Copa del Mundo y dos Campeonatos de Europa. En cuanto a los clubes, una Copa de Europa de *champions* y una Copa de los vencedores de copa. La comparación con Inglaterra, Italia y España, rebosantes de trofeos europeos, es dolorosa. Absurdo hablar de Brasil, en la cima del mundo. O de Alemania, que también apunta alto. Para ilustrar nuestra debilidad crónica, basta con ver lo que cantamos en caso de ganar: «*We are the champions.*» ¿Es que acaso no teníamos previsto ganar? En cuanto a nuestros estadios se han quedado más bien anticuados. París solo tiene un equipo. Francia no tiene ningún derbi. Mi padre pretendió educarme a través del fútbol. Para él, estaban los que entendían, y los que no. Cuando veía a un jugador torpe, se reía. No tardé en comprender que debía aprender a hacer malabares con el balón lo mejor posible para no hacer el ridículo. Y, sobretodo, a controlar la pelota. El bar de mi padre parecía el equipo de Niza, repleto de extranjeros. Árabes y negros convivían. Mi padre hablaba de partidos que no había visto, y mi madre no leía todos los libros que compraba. Este doble comportamiento me dio pie a soñar. Soy un buen hijo, ya que amo tanto el fútbol como la literatura. Mi panteón mezcla pasado y presente; deja de lado a grandes campeones, como William Bremmer, Oleg Blokhine, Hugo Sánchez, Gerson o Laurent Blanc. Les amo tanto como a los otros, pero mi corazón atiende a razones que la producción de un libro desconoce. Me he quedado tanto con los inolvidables como con aquellos que no recordamos. Espero con ansia las próximas Copas del Mundo. Según mis cálculos, me quedan ocho por vivir, hasta la del 2042. Tendré 90 años. El fútbol me ha enseñado a ser optimista y a confiar en mí mismo. Cuando un Mundial comienza, rejuvenezco cuatro años, y cuando finaliza, envejezco otros tantos. Escalofríos perennes.

Bernard Morlino

Edson ARANTES DO
NASCIMENTO «PELÉ»

Johan CRUYFF

Diego MARADONA

Lionel MESSI

LOS
VIRTUOSOS

«LOS ASES DEL ESFÉRICO NO SON OFICINAS DE SUEÑOS PERDIDOS. CONVIERTEN LO IMPOSIBLE EN REAL, HACIENDO AÑICOS EL AZAR».

¿Qué marca la diferencia entre un buen y un gran jugador? Simplemente, la capacidad de hacer un gran partido el día «D». El virtuoso es un solista integrado en un colectivo: Arthur Rubinstein en el seno de una filarmónica. Nada que ver con un egoísta que solo hace lo que quiere. En el tenis, los Glenn Gould solo pueden brillar en solitario. Cada gran equipo cuenta con un campeón: ¿La Hungría de 1953? Puskas. ¿El Real Madrid de 1956? Di Stéfano. ¿El Mónaco de 1963? Théo. ¿El Brasil de 1970? Pelé. ¿La Francia de 1984? Platini. ¿Los *Bleus* del 98? Zidane. Entre todos, han hecho del fútbol un espectáculo mundial. Por el contrario, quienes heredan el título de «grandes» sin realmente merecerlo, como Beckham, terminan desmoronándose. Una carrera ha de construirse paso a paso, con tiempo, como la de Nils Liedholm. Desde su debut internacional se le coronó con la palma de los Juegos Olímpicos de Londres de 1948. Jugaba en la banda izquierda con una línea de ataque que marcó a su época, junto con el interior derecho Green y el delantero centro Nordhal. Los directivos del AC Milán requirieron los servicios de los tres suecos, creando el trío «Gre-No-Li». Si a principios de los 50 la Copa de Europa hubiese existido, sin duda hubiesen arrasado. Los virtuosos hacen desaparecer nacionalidades y fronteras. Yo, que soy nizardo, fui Eusebio en el 66 y Maradona veinte años más tarde. Los virtuosos hacen que olvidemos que su trabajo es jugar. ¡Tantos ociosos hablan de su fútbol, que terminamos pasando por un pueblo de gente sentada frente a una nación de pie! Los jugadores cuya habilidad se percibe fácilmente poseen tanto inteligencia como dotes. Se deslizan por el terreno, mientras los demás sólo lo pisan. Una de sus características comunes es que saben jugar sin balón: la técnica se adquiere a fuerza de repetir durante años los mismos gestos. Todos los grandes jugadores del siglo XX han salido de la calle. Pelé jugaba con latas de conserva cuando era un niño. El fútbol tiene la ventaja de que, para practicarlo, sólo se necesitan dos camisetas haciendo de portería. Pero ser capaz de desmarcarse, de pasar desapercibido, de deshacerse de las «lapas» o de reinventar un pase hasta dar con uno nuevo, no está en manos de todo el mundo. Frente a los virtuosos no se corre en balde: se dan tanta maña para mantener el balón en su poder, que parece que lo hagan sin esfuerzo. Únicamente los *cracks* conservan el esférico y son capaces de hacer frente al adversario, para acto seguido evadirse con un sutil juego de caderas. Atendiendo a las palabras de Prévert, se apresuran a comer en la hierba, antes de que la hierba coma sobre ellos.

COPA DEL MUNDO, 1962. >

PELÉ
EL INVENTOR DEL FÚTBOL MODERNO

Très Corações (Brasil)

Nacido el 23 de octubre
   de 1940

Atacante
(1,72 m, 75 kg)

Clubes: Santos FC, Cosmos
   Nueva York

1.284 goles

114 partidos de selección
   (95 goles)

Palmarés:
3 Copas del Mundo
11 Campeonatos de São
   Paulo
6 Copas de Brasil
2 Copas Libertadores
2 Copas Intercontinentales
Campeonato Americano
   1977

Quien dice *jazz* dice Louis Armstrong. Quien dice fútbol dice Pelé. En el negro de su piel, no veíamos la lluvia de golpes que recibía. De niño, no se podía imaginar que le maltratarían para poder robarle el balón. Pelé quería divertirse, marcar o pasarles el balón a sus compañeros, sin sospechar que él sería el blanco de todos los ataques, la presa. En Europa, las piernas de sus carceleros ambulantes se convertían en hachas, y el césped, en la tabla del carnicero. Su fuerza radica en haber sabido destacar pese al nefasto ambiente que le rodeaba en el terreno. Sin embargo, en el vestuario, era otra historia: sus compañeros le mimaban. Tenían la suerte de vivir cerca del as que inventase el *free football*. Debían contentarse con ayudarle, por el bien del Santos FC. Antes de Pelé, a ningún otro futbolista se le había puesto tantas trabas para que deslumbrase en el campo. Picasso era afortunado: nadie le ponía la zancadilla cuando se acercaba a su caballete. Solo por su toque de balón, que mistifica a la oposición, reconocemos el estilo de Pelé, tan característico como el de Miles Davis con la trompeta. Desde 1958, este brillo especial encarnaría el fútbol del mismo modo que Gérard Philipe representa el alma del Teatro Nacional de París o André Breton, el surrealismo. Todos los niños pensaban en él antes de dormirse, en una época en la que las imágenes fijas desarrollaban la imaginación. Sin haberlo visto jugar jamás, la totalidad del planeta le amaba por el simple hecho de haber pasado a ser uno de los personajes esenciales del siglo XX. Las escasas imágenes en movimiento le mostraban como un joven bien plantado, que se deslizaba por el césped con un centro de gravedad muy bajo. En 1958, los paseantes se paraban ante los escaparates de las tiendas de televisores con el ánimo de ver a Pelé en acción. Sus lágrimas en los brazos de Didi y de Gilmar forman parte de la memoria colectiva. El hombre que llora es el primer futbolista que salió del cerco de las páginas de deporte. Obnubilado por la regularidad, se entrenaba con esmero. Su madre deseaba que fuese un niño de Dios, sin pensar por un instante que había traído al mundo al dios del balón. En Brasil, leyenda y realidad van cogidas de la mano. Bromista e incapaz de estarse quieto, Pelé opta por la política de las tres «c»: corazón, cuerpo y cerebro. Del corazón a la acción. Un cuerpo que hace falta cuidar porque es el legado de sus ancestros, y un cerebro del que servirse con sutileza. Su ciencia táctica y su potencia de tiro hicieron de él un goleador insaciable. Finaliza su carrera sin conocer la

PELÉ,
1962. >

presión previa al partido. En la final de la Copa del Mundo de 1970, le vemos servir, con una tranquilidad pasmosa, caviar a Carlos Alberto.

El balón parecía avanzar a cámara lenta. Un movimiento de una belleza impactante, se nos antoja como la escena en la montaña de Gabin y Dalio en la película francesa «La Gran Ilusión». A través de Pelé, miles de jóvenes descubrieron el espíritu del juego. Sus adversarios en 1958 fueron incapaces de adaptarse a los regates de Zito, Didi y Vava, nombres que parecen notas musicales. Ya en la fase final del Mundial, Pelé concedió a su país su primer título de altura. La luz llegó de manos de este joven, a kilómetros del país natal que esperaba el título como quien espera la venida del Mesías. Ocho años después de la cruel derrota frente a los uruguayos, los *auriverdes* fueron capaces de torcerle el pescuezo al indio que paralizaba a la nación. Garrincha embarcaba a sus adversarios hacia la derecha para permitir que sus compañeros utilizasen los espacios libres. Pelé brilla con luz propia y aprovecha la oportunidad única de participar, a su corta edad, en el torneo más importante del mundo. Desprende alegría de vivir, simbolizada en el «sombrero» (jugada en la que un jugador eleva el balón por encima de un contrario y lo vuelve a controlar) que le hace a uno de sus adversarios suecos. Contrario a los gestos gratuitos, esta figura fue idónea. La inteligencia demostrada era su arma más poderosa. Jugador completo, era capaz tanto de plantar el balón delante de él como de adelantar su cuerpo para evitar que los defensores lo controlasen.

Gracias a su manera de liberar sus emociones, los espectadores comulgaron con quien tan bellas acciones les regalaba. El amor por el fútbol de Pelé, así como su técnica imbatible, eran tan grandes, que éste parecía estar disfrutando en todo momento. ¿Acaso fue casualidad que su aparición mundial coincida con la de la Bossa Nova? ¡Había tanta delicadeza en el número 10! En 1962, sus rivales le enviaron directamente al matadero. Pelé fue el primer jugador en convertirse en un anuncio andante. A cambio, jugaba un centenar de partidos al año. Fue etiquetado de «chaval ejemplar» y hecho estandarte de una nación mestiza. Es a Garrincha lo que Paul Géraldy era a Antonin Artaud. Pequeño, potente, regateaba hasta el punto de ir a la carga contra el prójimo. Sus acciones se consideraban como una marca de inteligencia cinética. 1970 fue el año de la obra maestra, la de la final del Mundial contra Italia (4-1). A la *Seleçao* no le faltaban perlas raras: Jaïrzinho, Gerson, Tostao y Rivelino. Con ellos, el balón ascendía como si lo hiciese entre algodones, y descendía con suavidad, como un paracaídas. ¡El balón del cielo! Con ellos, abandonamos el mundo en blanco y negro para entrar en el *auriverde*. El paso del tiempo parece haberse olvidado de Pelé, quizá porque sus seguidores, que tanto le echan de menos, le han prohibido morir.

< Didi, Pelé y Gilmar,
1958.

JOHAN CRUYFF
TODOS QUERÍAMOS SER COMO ÉL

Amsterdam (Holanda)

Nacido el 25 de abril
de 1947

Atacante
(1,80 m, 71 kg)

Clubes: Ajax de Amsterdam,
FC Barcelona, Los Ángeles
Aztecas, Washington
Diplomats, Levante,
Feyernoord Rotterdam

364 goles

48 partidos de selección
(33 goles)

Palmarés:
Subcampeón del Mundo
1974
3 Copas de Europa
Copa Intercontinental 1972
Supercopa de Europa 1973
9 Campeonatos de los
Países Bajos
6 Copas de los Países Bajos
Liga española 1974
Copa del Rey 1978
3 Balones de Oro (1971,
1973 y 1974)

JOHAN CRUYFF,
1971. >

Jugar contra él era como jugar contra 12 o contra 13. De hecho, solía llevar el número 14, como para dar a entender que contaba por tres. Con ojos hasta en la nuca, Cruyff aunaba el gusto por el espectáculo con los imperativos de la victoria. Impuso el orgullo de la elegancia. Antes de que apareciese, los futbolistas eran como nuestros padres. Él, chaval de figura filiforme, podía ser nuestro hermano, o incluso alguno de nosotros. En el mundo de la música, estaban Lennon y los Beatles; en el del fútbol, acabábamos de descubrir a Cruyff y al Ajax. Su entrenador, Rinus Michels, creó el «fútbol total», en el que todo el mundo defendía y atacaba al mismo tiempo. La Holanda de Cruyff jugaba para ganar, no para no perder. «El fútbol es espectáculo», era su lema. En aquella época, el fútbol solo interesaba a los entendidos. El «¿sabes?, tienes unos bonitos ojos» de Cruyff fue su gancho, el arte del cambio de ritmo. Asimilaba la información tan rápido como un piloto de F1 a 300 km/h. El holandés era imprevisible, de ahí su impacto en el juego. Cruyff no derramó ni una sola lágrima cuando perdió la final de la Copa del Mundo en 1977, a pesar de haberla tenido tan cerca. Era la primera vez que Holanda y Alemania se veían las caras en un partido oficial tras el fin de la guerra. Los aficionados deseaban vencer a los representantes del país que, bajo las órdenes de Hitler, les había invadido. Los vecinos de idiomas tan cercanos se detestaban. De golpe, Holanda pasa a los diez, y Cruyff regatea a varios jugadores anónimos para acabar con el partido lo antes posible, provocando un penalti que Neeskens se encargaría de transformar. Su ego se infla en el momento menos apropiado porque será la sanguijuela Bertie Vogts, que jugaba en casa, el que se encargue de deshincharlo. Ultrajado por la derrota, Cruyff no quiso volver a vestir el color naranja. Sus compañeros trataron de vengarle en el Mundial de Argentina 78, pero se inclinaron nuevamente ante el país organizador. Jamás sabremos si Cruyff hubiese hecho inclinar la balanza del lado correcto, tras cuatro sufridos años rumiando la derrota. Autor de tantos grandes goles, surcaba hasta el aire.

En plena carrera, hizo una vaselina al portero, que observaba cómo la bola iba a parar al fondo de la red. El acelerador tenía un *sprint* que dejaba atrás a sus perseguidores. Era capaz de marcar, al borde de sus fuerzas, de una tijereta. Rapidísimo, exterior derecho, exterior izquierdo, podía rematar el partido en el momento clave. Los ángulos imposibles parecían no ser impedimento a la hora de marcar goles imparables. Regatear ocho jugadores seguidos no le daba miedo.

Realizaba varias carreras por partido, que esperábamos como quien espera el *hit* de su cantante preferido. Su frescura era perceptible desde que partía hacia la portería contraria, con la cabeza girada. Sus incesantes ataques presionaban a sus adversarios, que le observaban levitar. Para él, el fútbol era como jugar a los bolos con personas. Lúdico y lúcido, jamás fue campeón del mundo sobre el papel, pero, para los amantes del deporte rey, lo ha sido en diez ocasiones. Huérfano de padre, solo se tuvo a sí mismo como modelo.

Para que su madre no tuviese que limpiar los vestuarios del Ajax nunca más, el niño se hizo el héroe de Amsterdam. En pretemporada, hacía subir los precios, aunque solo ganaba unos 30.000 francos (4.600 euros) al mes, mientras que otros necios, treinta y seis años más tarde, se embolsan hasta 200.000 euros mensuales. Y, sin embargo, estos no hacen soñar al pueblo, mientras que en su época, el pueblo entero soñaba con Cruyff. Sus detractores le acusan de estar demasiado apegado al dinero. Pero no hay nada más normal que pedir una remuneración por un servicio. Su clase no le dio la fortuna a la que tenía derecho. Discutía con avidez las primas, en interés de sus colegas, sin mediación de agentes. En principio, Cruyff se hizo profesional para ganarse la vida, y cuanto mejor jugaba, más le pagaban. Cuando empezó, en 1964, el sueldo era de unos 80 euros mensuales.

Relacionaba el fútbol defensivo con un funeral. Hacer venir a la gente al estadio para ofrecerles un espectáculo claustrofóbico, le parecía de lo más maleducado. Inteligente y pragmático, la velocidad hecha hombre no toleraba que se jugase un partido con el miedo en el cuerpo. La presión la dejaba para los neumáticos del coche. Al «galgo» no se le apodó por nada «Till el travieso». Cuando iniciaba una acción, se dirigía como una flecha a la portería contraria, con el torso en *avanti*, como si fuese a cortar la invisible cinta de meta de los 100 metros olímpicos. No se puede fingir ser una estrella: hacen falta un don, prestancia, juego propio, base técnica, el arte de anticipar e improvisar, ánimo para superarse constantemente y una fuerte personalidad que nos permita brillar en un contexto hostil. Reconocíamos a Cruyff desde que hacía el más mínimo gesto. Descubríamos la angustia en la cara de sus adversarios, pegados a las faldas de mamá. El jugador mágico se convirtió en un entrenador que conquistó la Copa de Europa de Clubes Campeones del 92, para regocijo de los socios, que le llevaban esperando desde 1956. Y visto que el tabaco casi le mata, lo reemplazó por los *Chupa Chups*. Uno no se cura fácilmente de las heridas de la infancia.

< Johan Cruyff.
1974.

DIEGO MARADONA
LA ÉTICA DE LA ASTUCIA

Buenos Aires (Argentina)

Nacido el 30 de octubre
de 1960

Centrocampista
(1,68 m, 73 kg)

Clubes: Argentinos Juniors,
Boca Junior, FC Barcelona,
Nápoles, FC Sevilla,
Newelle's Old Boy

321 goles

91 partidos de selección
(24 goles)

Palmarés:
Campeón del Mundo 1986
Subcampeón del Mundo
1990
Campeón del Mundo sub 21
1979
Copa UEFA 1988
Campeonato de Argentina
1981
2 Campeonatos de Italia
Copa de Italia 1987
Copa Artemio Franchi 1993

DIEGO MARADONA.
1976. >

La exuberancia es la lengua materna de este artista que jamás aprendió a jugar. A diferencia de Pelé, Maradona ganó la Copa del Mundo rodeado de aguadores, y permitió al Nápoles invertir la anquilosada jerarquía del *calcio*. Su sola presencia cambiaba los datos del partido. Le hemos visto rubio, oxigenado, moreno, gordo, paquidérmico, hinchado, puestísimo, borracho, llorando, muerto de risa o con su hija mayor, auténtico escudo anticamellos. La imagen parece la de un cantante que se casó con todas las modas. Dado por muerto en varias ocasiones, nunca nos ha abandonado. Tiene un humor, cuando menos, curioso: «¡qué gran jugador hubiese sido de no haber tomado cocaína!». Evidentemente, la droga le hacía rendir menos, ya que Maradona nunca tomó los estupefacientes para jugar mejor. Pero, con el balón en los pies, sigue siendo inigualable. Incluso durante los calentamientos, la diferencia con el resto de jugadores era abismal, con sus malabarismos dignos del circo Medrano. El balón se le pegaba a la piel, y el «pibe de oro», autor de 140 tantos en una temporada con los sub 21, atrae la atención de las cámaras a muy temprana edad. Una grabación nos lo muestra, muy joven, jugando en un barrio de chabolas de Buenos Aires: «tengo dos sueños, jugar la Copa del Mundo, y ganarla». Miles de jóvenes han tenido el mismo sueño, pero casi ninguno lo ha hecho realidad. En Barcelona, Maradona se topa con los insultos de un público reticente con el sudamericano. Un agresivo del césped, el defensa del Athletic de Bilbao Andoni Goikoetxea, le rompe el tobillo el 24 de septiembre de 1983. Los compañeros de Diego pudieron oír cómo se quebraba el hueso. Durante la rehabilitación, el lesionado yerra por discotecas donde circula coca. En 1984, concluye su etapa blaugrana con una pelea general durante la Copa del Rey: Maradona tenía una cuenta pendiente con el jugador de Bilbao. A su llegada a Nápoles, la ciudad al completo se acerca al estadio con la ilusión de verlo en persona. Él toma el balón, y con unos cuantos malabares, abre a los napolitanos las puertas del cielo. Muy rápidamente, Maradona tomó una dimensión mística. A sus 16 años, la gente se agolpaba a la salida del vestuario para tratar de tocarle la cabeza.

No entra en el juego de nadie: en el partido de despedida de Platini, juega con una camiseta en la que se leía «no a las drogas», mientras que Pelé no consiente en aparecer en pantalón corto para no dar una mala imagen. «Mi madre dice que soy el mejor jugador del mundo, pero seguro que la madre de Pelé dice que es él». Palabras de Maradona.

El futbolista sabe que se le ha encasillado en el papel del malo, y lo acepta con cierto regocijo, incluso sin ser apartado puede ser una carga. «Estoy de parte de los jugadores, mientras que Pelé y Platini siempre lo han estado del de los directivos», nos confía el rebelde.

Tras su astuto primer tanto contra Inglaterra, hace mención de la «mano de Dios», gesto realizado en nombre del interés último de la nación. «Maradona ha pecado por nosotros, ¡pero hay tanta gente buena que no hace nada!», señaló un sacerdote. En el mismo encuentro, con la guerra de las Malvinas de fondo, marca un gol irreal, regateando a todo el equipo inglés. El 22 de junio de 1986, el «cantante de México» coló un gesto prohibido. Nadie vio nada en unos cuartos de final de un Mundial que se retransmitió en todo el planeta. Este truco de magia no tiene ni punto de comparación con copiar en un examen o con saltarse un semáforo en rojo. Se trata de una astucia en toda regla. Con Maradona, siempre pasaba algo. En la Copa del Mundo de 1990, eliminó a Italia en semifinales, en Nápoles. El estadio italiano no se rinde a la *Squadra Azzura*. Durante la final, en Roma, paga cara la humillación. El norte no aceptó que el sur de Maradona dominase el *calcio*. Históricamente, Roma siempre ha empobrecido a Nápoles con el fin de robarle el puesto capitalino. En 1994, en Estados Unidos, la FIFA acusa al campeón de dopaje, por un ridículo asunto con inofensivos antigripales. Los regentes del fútbol querían la piel del hombre al que no habían podido domar. El cineasta Emir Kusturica explica el carisma de Maradona porque «su cuerpo segrega una sustancia química especial». Y por ridículo que nos parezca, no lo ponemos en tela de juicio cuando es Philippe Sollers quien habla de la «presencia imantada» de André Breton. Puede que el futbolista sea un auténtico surrealista, dado que crea sin el control de la razón, dando vía libre a la inspiración. Sus travesuras y su virtuosismo le han convertido en una persona próxima a todos, ya seamos argentinos, chinos o franceses. Rodeado de buitres, Maradona representa la alegría de vivir. Como pudo, se sobrepuso al hecho de que jamás volvería a jugar al fútbol, su razón de ser. Maradona no pensaba en qué podía sacarle a su equipo, sino que daba todo lo que podía para beneficiarlo al máximo. Para soportar la vida, necesitaba jugar. Hoy día, solo corre tras el balón en el corazón del público. En Nápoles, su efigie florece en innumerables y ruinosos muros olvidados por las autoridades. A menudo, los tentáculos de la Camorra se niegan a recoger las papeleras tras las que aparecen las diferentes versiones de la cara de Maradona, que son como murales. Estos dibujos nos recuerdan a los retratos de Rimbaud, elaborados en frágil papel, que Ernest Pignon-Ernest pegaba en la calle. El artista desea que su homenaje al poeta se funda en las entrañas de la ciudad. Del mismo modo, Maradona pertenece con tal intensidad a los aficionados, que estos han creado una iglesia con su héroe como dios. Como los grandes personajes del teatro, Maradona es un residuo de lo divino.

< Diego Maradona.
1983.

LIONEL MESSI
EL PRINCIPITO DE UN FÚTBOL DE ENSUEÑO

Rosario (Argentina)

Nacido el 24 de junio
de 1987

Delantero
(1,69 m, 67 kg)

Clubes: Newell's Old Boys,
FC Barcelona

212 goles

70 partidos de selección
(26 goles)

Palmarés:
5 Ligas españolas
2 Copa del Rey
5 Supercopas de España
3 Ligas de Campeones
Copa del Mundo de Clubes
2009, 2011
Campeón del Mundo *Junior*
2005
Medalla de Oro en los JJOO
2008
Balón de Oro 2009, 2010,
2011, 2012

LIONEL MESSI,
2009. >

«Hice toda mi obra con un chicle» afirmó Igor Stravinski. Esta reafirmación pública del músico concuerda perfectamente con Messi que es capaz de terminar con el peor de los adversarios. La naturalidad del argentino forma parte de su madera innata de campeón. Messi es más atractivo que cualquier chico de anuncio. ¿Quién era más importante: La Callas o *Norma*? En la final de la Liga de Campeones, Barcelona-Manchester United (2-0), los ingleses querían ver a C. Ronaldo pero sólo vieron a Messi. Tras la apertura del marcador por Samuel Eto'o, «la Pulga» se metió entre los gigantes Rio Ferdinand y Van der Sar para recibir un balón centrado por Xavi. Messi lo entendió con asombrosa prontitud: se alzó por detrás para golpear el balón con la parte superior de su cabeza, ligeramente al bies por respeto a la portería y al neerlandés de 1,97 metros que la protegía. Ahí se percibió toda su clase: sentido de colocación, gran lectura de juego, técnica excepcional y arte de cronometraje.

Messi nunca hizo nada como los demás. Llegó al Barça a los trece años deslumbrando a los responsables del centro de formación, que se hicieron cargo de los gastos médicos del prodigio, que en esos momentos estaba obligado a seguir un tratamiento a base de hormonas de crecimiento para evitar que se quedara bajito: a los once años, sólo medía 1'11 metros. Su madre lo obligaba a jugar de extremo para protegerle en caso de que los mayores le hicieran daño… Durante cuarenta y dos meses, Messi se estuvo poniendo una inyección diaria de Norditropina para tratar sus huesos. En 2005 se convirtió, con «diecisiete años, diez meses y diez días», en el goleador más joven del Barça en la Liga gracias a su gol contra el Albacete. La lucha contra la enfermedad, le dio una fuerza mental increíble. A menudo maltratado por la fuerza de los adversarios, uno se emociona al ver a Messi masajearse las tibias tras una carga ilícita. Con sus fintas y su velocidad, Messi es un futbolista valiente que gana el 90% de sus duelos.

El destino de Messi está ligado al Barcelona hasta el 2014, y el club catalán ha fijado una cláusula de rescisión de más de 150 millones de euros, récord absoluto si lo comparamos con los 94 millones de euros desembolsados por el Real Madrid para comprar a C. Ronaldo. Messi y su genialidad zurda adoran jugar en la banda derecha para volver a la carga en el eje y dar un recital, mezcla de conducta del balón en inventiva lúdica. Este joven discreto es, junto con su compañero Iniesta, un Balón de Oro en potencia. Messi es a C. Ronaldo lo que Dustin Hoffman a Clint Eastwood: Un antihéroe. Messi no es el nuevo Maradona. Messi es Messi. Si llega a ser determinante con Argentina, diremos que Maradona se parece a Messi.

Larbi BEN BAREK

Ferenc PUSKAS

Alfredo DI STÉFANO

Eusebio DA SILVA

FERREIRA

LOS
PIONEROS

«SOUTINE EN MONTPARNASSE, APOLLINAIRE EN MONTMARTRE Y LOS TRICOLORES DE LOS AÑOS 30: HE AQUÍ AQUELLOS QUE ABRIERON EL CAMINO DE LA INTEGRACIÓN».

Todos contribuyeron a la manera en que abordamos el fútbol. Se necesita dar marcha atrás en el tiempo para descubrir la aportación que cada uno de ellos hizo a este arte vivo. Los partidos se evaporan, como las representaciones teatrales. En el terreno, no se rueda: los futbolistas no pueden dar marcha atrás y recomenzar desde el punto en que fallaron. Estadio = teatro. Vestuarios = camerinos. Compañeros = parejas. Entrenador = director. Entrenamiento = ensayo. Gradas = palco. ¿Y el texto? En el teatro, está escrito. En el fútbol, el balón es el verbo. En tiempos de nuestros abuelos, en el fútbol, Gamblin se lleva el primer puesto. Con un cuerpo esculpido en roca en una época en la que los gimnasios eran cosa de ciencia ficción, hizo que las cosas cambiasen. Antes de él, ningún futbolista francés había dirigido a una defensa con tanta autoridad. Superviviente de combates en los que, cada día, morían 9.000 soldados, la estrella del Red Star llevó el brazalete de capitán durante la primera victoria gala ante los ingleses (2-1), el 5 de mayo de 1921, ante 30.000 espectadores. Desde 1904, los ingleses tenían por costumbre infligir al pueblo galo palizas deportivas, llegando a obtener 60 goles frente a solo 2. Tampoco queda nada de las hazañas de Arthur Friedenreich, aquel sudamericano, alemán por parte de padre y brasileño de madre, de nombre tan impronunciable como su juego ondulante. Al zorro del campo le gustaba estar siempre preparado, siempre al acecho: 1.329 goles en su haber, en 1.239 partidos. A principios de los años 20, los negros se blanqueaban la piel con polvos de arroz, pero al final del partido, todo quedaba al descubierto por efecto del sudor. Friedenreich se oponía a este racismo mundano y no se maquillaba ante un puñado de aristócratas alemanes. El fin de esta práctica infame vendrá de manos de los dirigentes de Vasco de Gama. En París, el llamado «Titi parisino», Raoul Diagne, no aceptaba que se hablase del color de su piel: «Nada que declarar sobre esta peculiaridad, incluso si la gente me trata de negro asqueroso», decía el internacional francés. La Francia Negra-Blanca-Mora fue creación de Gabriel Hanot, instigador de la integración, a partir de 1931. El austriaco Henry Hiltl, el marroquí Larbi Ben Barek y los húngaros Edmond Weiskopf, Jules Mathé y Désiré Koranyi jugaban en el equipo galo en una época en la que la sociedad civil se creía más blanca que la nieve. La totalidad de los grandes jugadores franceses es de origen extranjero. Sobre el terreno de juego, Francia siempre tuvo una visión integradora de la existencia.

CEREMONIA DE INAUGURACIÓN DE LA PRIMERA COPA DEL MUNDO, URUGUAY 1930. >

LARBI BEN BAREK
EL SUBLIME DESPERTAR DE ÁFRICA DEL NORTE

Casablanca (Marruecos)

Nacido el 16 de junio
  de 1917
Fallecido el 16 de
  septiembre de 1992

Atacante
(1,82 m, 74 kg)

Clubes: Ideal Club
  Casablanca, US Marocaine,
  Olympique de Marsella,
  Stade Français, Atlético
  de Madrid

92 goles

17 partidos de selección
  (3 goles)

Palmarés:
2 Ligas españolas
5 Ligas de África del Norte
Copa de África del Norte
  1942

LARBI BEN BAREK.
1946. >

Él fue B.B. antes que Brigitte Bardot. Le daba vueltas en la cabeza a sus chutes hasta el último segundo. Su conocimiento del juego le daba ventaja respecto al tiempo de reacción de sus adversarios, y su modernidad transformó a sus contemporáneos en hombres prehistóricos. Lejos de comenzar su carrera en un contexto favorable, Larbi Ben Barek ejerció su oficio sin beneficiarse de las ventajas de las que gozan jugadores que no le llegan ni a la suela del zapato. El marroquí ha sido uno de los mejores jugadores de la historia, pues aliaba elegancia y efectividad. El bellísimo atleta estaba dotado de una técnica que le permitía regatear a dos o tres jugadores en plena carrera, deleitándonos constantemente. La «Perla negra» recuperaba el balón en su campo, disfrutaba del juego, aceleraba e intentaba pases en profundidad que, mágicamente, sabía hacer llegar a buen puerto, con una dosis perfecta entre precisión y anticipación. Con un juego digno de ser visto, caminaba con los brazos colgando, el pantaloncillo blanco ligeramente enrollado en la cintura y las mangas arremangadas. Al final del partido, los niños corrían a su alrededor, a pesar de que él avanzaba a paso lento. Amable, adorable, B.B. fue la primera gran estrella del campeonato de Francia en 1ª División. Hubo jugadores que llegaron a decirle «guardo pedazos de cerdo en los bolsillos. ¡Si te acercas, te pego uno!» Asustado, callaba y pasaba el balón a sus compañeros desmarcados, a 40 metros si hacía falta. Jugando sin balón, causaba problemas a las defensas supuestamente herméticas. Tras su presentación en su tierra natal, fue el elemento motor del Olympique de Marsella. Desgraciadamente, la guerra le robó la juventud.

Tras la Liberación, firmó con el Stade Français, donde conoció momentos de gloria. Y como Francia se quedó pequeña para su talento, partió a España para convertirse en la mascota del Atlético de Madrid, convocado por Helenio Herrera, que no podía pasar sin él, ya fuese en el Stade Français o en España. El fichaje estableció una cifra récord: 17 millones de francos (3 millones de euros). Reticentes a su venida, los españoles no tardaron en adoptar a Ben Barek, quien les ofreció varios títulos. Internacional desde 1938, el centroderecho debutó en el encuentro Italia-Francia (1-0) antes de sufrir el eclipse de 1934-1945. Una vez finalizó la guerra, la selección volvió a llamarle, siete años después de su primera convocatoria. Y como no hizo nada igual que los demás, disputó su último partido con los azules... ¡en 1954! Tuvo la inmensa suerte de desarrollarse con los pioneros Mattler, Diagne y Delfour, y después en el seno de un equipo

rebosante de esperanzas ya confirmadas: Jonquet, Kopa y Vincent. En 1939, sus fintas y amagos hicieron sufrir a los polacos, que perdieron 4-0. El generoso astro, al que no se le escapaba ningún truco del balón, prefería hacer brillar a sus compañeros antes que a sí mismo. Se mire por donde se mire, su carrera da vértigo.

El 4 de diciembre de 1938 en Nápoles, durante su primer partido con la selección y en pleno apogeo del fascismo, se vio abucheado por 40.000 *tifosi* con un cociente intelectual digno de una gallina. Los seguidores de Mussolini creían que el marroquí, bajo el régimen del protectorado galo, tenía la piel demasiado oscura como para hacer carrera en la selección de Francia. La leyenda cuenta que cantó a gritos *La Marsellesa*. De hecho, hubo que esperar al banquete posterior al partido para ver al capitán, Mattler, vengar a su camarada. Cuando su equipo estaba seguro de llevarse la victoria, y el marcador apuntaba un margen suficiente, el generosísimo jugador, normalmente, tan inclinado a realizar la jugada exacta y a hacer el pase justo, comenzaba de repente a dar taconazos de lo más arriesgados, comenzar jugadas perdidas de antemano o amagos innecesarios. Esta actitud contradictoria era la gota que colmaba el vaso para los enemigos de las complicaciones. Pero nadie se lo reprochaba, pues todos sabían que un artista necesita buscar constantemente nuevos retos, no para dejarnos con la boca abierta, sino para asegurarse de que aún le queda inspiración. Ávidos de emociones, los aficionados franceses esperaban con impaciencia una nueva creación del mago. A menudo, se dice que un gran club debe ser más grande que cualquier jugador. Con Ben Barek, ocurrió lo contrario. Se hizo un hueco en el medio deportivo, superando a Abderrahmane Mahjoub, gran jugador que no confió lo suficiente en sí mismo. La fluidez de Ben Barek estaba al servicio del colectivo. El altruista de músculos definidos hizo que su deporte avanzase, por la simple razón de que nunca dejó, en su juego, nada al azar. Dosificaba improvisación y anticipación, al servicio de una rapidez de ejecución alucinante. Se le grabó casi sin ropa para poder estudiar su morfología cuando hacía malabares con el balón. Vemos su impresionante musculatura, fácilmente reconocible entre el resto. Antes del perfecto Ben Barek, ningún atleta había enloquecido hasta tal punto a un estadio de fútbol en territorio francés. Cuando finalizaban los partidos, hablaba con sus admiradores, agolpados a la salida de los vestuarios, ya que todos querían ser su amigo. Si hoy día el fútbol francés es lo que es, en gran parte se lo debe a Ben Barek. Generaciones futuras, no olvidéis jamás que él os abrió camino.

< LARBI BEN BAREK,
1954.

FERENC PUSKAS

EL MATRIMONIO ENTRE EL PIE Y LA TIERRA

Budapest (Hungría)

Nacido el 2 de abril de 1927
Fallecido el 17 de noviembre
   de 2006

Atacante
(1,72 m, 78 kg)

Clubes: Honved Budapest,
   Real Madrid

418 goles

89 partidos con la selección
   húngara (84 goles)
4 partidos con la selección
   española

Palmarés:
Campeón Olímpico 1952
Copa de Europa de
   Campeones 1960
4 Campeonatos de Hungría
5 Ligas españolas
2 Copas del Rey
Subcampeón del Mundo 1954

FERENC PUSKAS,
1954. >

En los años 50, ningún niño hubiese osado pasearse luciendo en la espalda un apellido que no fuese el suyo, incluso aunque este fuese el de un mariscal imperial. El militar del Honved de Budapest se daba más maña para rematar un partido que para reducir al enemigo. Cuando vemos sus estadísticas, nos preguntamos si no se trata de ciencia ficción: tantos goles como partidos de selección. Desde su llegada al Real Madrid, con 31 años, marcó 236 tantos en 261 partidos. El barrigón del «Mayor galopante» hacía las veces de amortiguador cuando un adversario trataba de detenerlo. Movía más la pelota que su propio cuerpo, pues solo la tocaba menos de dos minutos por partido. Suficiente para organizar el caos en su favor. A semejanza de Picasso, gozó de varios y variados periodos durante su carrera.

De entre todas sus apariciones, dos merecen el calificativo de históricas. La primera, que tuvo lugar el 25 de noviembre de 1953 en Wembley, cuando el ataque húngaro barrió a una Inglaterra que jamás había conocido la derrota en casa a manos de un equipo del continente, por 3-6. Humillándolos en su propio terreno, los magiares del Once de Oro dejaron a 100.000 ingleses con la boca abierta. El 4-2-4 enterró al reputado «WM», que cayó en desuso con sus pases demasiado evidentes. El tanto más bello lo marcó Puskas en el minuto 24: regatea ante el capitán Billy Wright y disparo a la escuadra. Tras la derrota, seis integrantes del equipo de la «Pérfida Albión» decidieron que no volverían a jugar con los colores de su patria. Puskas era el mejor jugador del mundo, un Balón de Oro antes de tiempo. Y de entre todos sus conciertos en opus mayor, ¿cómo olvidar aquel del 18 de mayo de 1960, en Glasgow, ante 135.000 escoceses atemorizados por la suerte de su equipo predilecto? El dúo Puskas-Di Stéfano, aquellos Lennon y McCartney del Real Madrid, dejó su huella en todas y cada una de las acciones. El resumen del partido da fe de sus hazañas: 7 goles entre los dos contra el Entracht Frankfurt, en la final de la Copa de Europa (7-3). Puskas llegó a la meta en cuatro ocasiones. En los vestuarios, Puskas y Di Stéfano no se dirigían la palabra; en el terreno de juego, sus actuaciones no pasaban desapercibidas.

Entre 1950 y 1954, la Hungría de Puskas marcó 142 goles, frente a 30 recibidos, repartidos en 27 victorias y 4 derrotas. Puskas no se tomó bien que su país comunista no ganase la Copa del Mundo del 54 contra los alemanes, quienes, además, le lesionaron a propósito durante la primera fase en la que perdieron con un pobre 3-8.

Puskas era tan incontrolable, que el central Liebrich le lesionó, con lo que el líder de los húngaros se vio obligado a abandonar el terreno. Aún lesionado, el zurdo hizo todo lo que estuvo en su mano durante la final, llegando a marcar un tanto que, equivocadamente, se le anuló con la excusa de un fuera de juego inexistente. Así, a un partido que Hungría hubiese debido ganar 3-2, se le dio la vuelta de manera que en el último minuto, el resultado fuese el contrario. La FIFA prefirió el triunfo de Alemania, cuyo orgullo nacional renacería a manos de esta victoria de posguerra. Dos años más tarde, Puskas aprovechó un partido que se disputó en el extranjero para negarse a volver a Budapest, tras la masacre de sus habitantes a manos de tanques soviéticos. Bajo el impedimento de desarrollar su carrera en Europa, Puskas, Kocsis y Czibor comenzaron a jugar partidos de exhibición en Sudamérica. El apátrida acabó por unirse al Real Madrid, donde encontró una segunda oportunidad. Al término de su etapa madridista y convertido ya en entrenador, tuvo de nuevo en sus labios la miel de la victoria con la Copa de Europa 1971, contra el Panathinaikos de Atenas, quien finalmente se alzó campeón. Hubo cese de poderes: ese día, Johan Cruyff I sucedió a Ferenc Puskas I. Si Di Stéfano y Pelé venían de América del Sur, estos otros dos virtuosos habían salido de la vieja Europa. Nos hacían soñar sin el toque exótico. Estos cuatro jugadores, junto con Maradona, conocían los entresijos y la ciencia del juego. Estos genios renovaron una religión que cuenta con muchos predicadores y pocos fieles. Que Dios les bendiga. En cuanto a Puskas, ya era demasiado tarde. Su familia se vio obligada a vender los trofeos del campeón, para poder curarle del Alzheimer que sufría. *Öcsi* (hermanito) no volvió a su país hasta el 81. Durante su exilio, de un cuarto de siglo, ayudó a un buen número de refugiados políticos. «También en la vida fue un número 10», diría Di Stéfano. El húngaro puede estar orgulloso de ser el único jugador del mundo capaz de asustar al guardameta aún a 40 metros de la portería. Tras los partidos, jugueteaba con una servilleta mojada, incapaz de dejar de inventar nuevos retos.

< FERENC PUSKAS.
1953.

ALFREDO DI STÉFANO
EL HOMBRE ADECUADO EN EL LUGAR ADECUADO

Buenos Aires (Argentina)

Nacido el 4 de julio de 1926

Atacante
(1,72 m, 70 kg)

Clubes: Imán Buenos Aires,
River Plate, Millonarios de
Bogotá, Real Madrid,
Espanyol

890 goles

6 partidos con la selección
argentina (6 goles)
4 partidos con la selección
colombiana
31 partidos con la selección
española (23 goles)

Palmarés:
5 Copas de Europa de
Clubes Campeones
Copa Intercontinental 1960
Copa América 1947
Copa de Colombia 1953
Copa del Rey 1962
2 Copas latinas
2 Campeonatos de Argentina
3 Campeonatos de Colombia
8 Ligas españolas
2 Balones de Oro (1957,
1959)
Super Balón de Oro 1989

ALFREDO DI STÉFANO,
1960. >

En Madrid, se habla del cosmopolita como en París de la Torre Eiffel. De haber sido cantante, le habrían llamado «La Voz». Cada una de sus actuaciones tenía un halo de recital. Inteligencia en el juego: he aquí aquello que caracterizaba a la «Saeta Rubia». La fuerza del atacante residía en su vista y su capacidad para realizar el gesto apropiado en el momento adecuado. El contador obliga. Marcar, defender y organizar el juego. El «calvo divino» aportaba su granito de arena en todos y cada uno de los sectores; alzándose como auténtico jefe tanto dentro como fuera del terreno. Aparte de Gento, los españoles le adoraban y se rendían a él con alegría.

El jefe del vestuario debía dar el visto bueno a los extranjeros, de lo contrario, el resto del equipo le rechazaría, tal y como le sucedió al brasileño Didi, aunque este no fue el caso del defensa José Santamaría, natural de Montevideo. Kopa también supo hacerse querer, y Puskas, por su parte, no tenía cuentas que rendir con nadie. Entre genios, no hace falta hablar. Una transversal de 50 metros no se traduce, a no ser que sea en goles. Di Stéfano aceptaba a los jugadores capacitados que le ofrecían una mayor libertad. Ya en su primera vida fue todo un héroe en Colombia, en el Millonarios de Bogotá. Madrid y Barcelona se pelearon por ver quién lo incluía en sus filas. En España, a la edad de 27 años, el goleador amplió sus competencias y asumió el papel de organizador. Y al nacionalizarse español, se hace aún más querido por todos.

El infatigable no tenía necesidad de dar codazos para tumbar a sus contrincantes: en 2 veces y con 3 movimientos transformaba a quien tuviese enfrente en conos a los que sorteaba zigzagueando. La receta del éxito madridista radicaba en una defensa tan hermética como fuese posible, capaz de pasarle el balón en todo momento a Di Stéfano, quien se encargaba de sacarse los ases de la manga y los conejos de la chistera. El 13 de junio de 1956, en el Parque de los Príncipes, ofrece en bandeja al Real Madrid su primera Copa de Europa, haciendo que el equipo de Reims rompiese a llorar porque por un instante rozó la victoria con un 3-2 a su favor. Di Stéfano participó en todos los ataques que acabaron en la portería de los de Kopa: tiro seco, córner determinante, robo del balón, pase decisivo y despeje brillante. Un representante de altura del genio futbolístico. A mediados de la década de los cincuenta, las caras de los jugadores pasaban desapercibidas excepto la de algunos fuera de serie, como la del líder del Real Madrid, capaz incluso de hacerse con la admiración de los republicanos, generalmente poco proclives a estimar algo que

proviniese de Franco. Los demócratas cerraban los ojos ante el hecho de que Di Stéfano jugase en el equipo del Caudillo. El arquitecto del fútbol contaba con todo lo que se le requería a un jugador: altura y buena forma física, además de casi tres pulmones. Tacto y encanto. Sentimiento en el toque; táctica imbatible. Carismático tanto para sus compañeros como para sus adversarios. Solo le veíamos a él, como cuando Louis Jouvet subía al escenario. De espalda o de frente. Incluso cuando no se movía, era el centro de todas las miradas. El acróbata de las superficies era realmente capaz de disparar desde todos los ángulos y en todas las posiciones. Su fama era tan grande, que cuando los rebeldes venezolanos le secuestraron, lo hicieron sin peligro para su integridad física. Al igual que el resto de los virtuosos, Di Stéfano fusionaba lo cerebral con la técnica y la combatividad. Estaba constantemente creando, no se contentaba solo con jugar. Santiago Bernabéu sabía lo que hacía cuando fue a buscarlo a Sudamérica. El presidente madrileño, en funciones desde 1943, buscaba al hombre capaz de volver a hacer brillar al Real Madrid, en sequía de títulos nacionales desde 1933. Seducido por la soltura técnica del líder argentino exiliado en Colombia, decide venir a España desde el momento en que lo ve. Cuanto más observa al «Conquistador», más seguro estaba de que tenía el carácter necesario para imponerse ante el resto de jugadores. A sus 27 años, Di Stéfano ya era leyenda: italiano por parte de padre y bearnés e inglés por parte de madre, el antiguo «vaquero» había dejado su huella en todos los equipos que se habían beneficiado de su juego, con el que dominaba al adversario durante los noventa minutos del encuentro. Nada más llegar, Di Stéfano se metió en el bolsillo al vestuario concediéndole la victoria al Real Madrid y haciéndolo Campeón de Liga en 1954. Se trataba de la inauguración del recorrido triunfal por el que dirigiría a la casa merengue. Sin embargo la felicidad nunca es completa, las circunstancias le impidieron disputar una Copa del Mundo: lesionado, no pudo tomar parte en la del año 62, al lado de Puskas, ambos con la camiseta española. El irreprochable profesional llevaba 50 años de adelanto, preocupado por el más mínimo detalle. Quien tuviese un conflicto con él, jamás lo reconocía, pues los ojos del maestro echaban para atrás, haciendo que hasta sus más grandes detractores partiesen convencidos de estar equivocados. Nadie podía ponerle freno a sus maquinaciones. «No merece la pena tratar de pararlo. No se le puede seguir», decían los entrenadores de los equipos contrarios. El mundo del fútbol está en duelo perpetuo por la inspiración de la denominación de origen del madridista. La estatua de Di Stéfano corona el centro de entrenamiento de los blancos, en Valdebebas. A menudo, el modelo se coloca delante. Las palomas no osan posarse. Los creyentes dicen que Dios era su entrenador. Pero, ¿y si fuese lo contrario?

< ALFREDO DI STÉFANO.
1963.

EUSEBIO
LA ESCURRIDIZA PANTERA NEGRA

Lourenço-Marques
  (Mozambique)

Nacido el 25 de enero
  de 1942

Atacante
  (1,75 m, 73 kg)

Clubes: Spórting Mourenço
  Marques, Benfica
  Lisbonne, Boston
  Minutemen, CF Monterrey,
  New Jersey Americans

858 goles

64 partidos de selección
  (41 goles)

Palmarés:
Copa de Europa 1962
11 Campeonatos de
  Portugal
5 Copas de Portugal
Campeonato de los Estados
  Unidos 1976
Campeonato de México
  1976
Balón de Oro 1965

El más hábil limpiador de telarañas de su país parecía ser tan eléctrico como explosivo. Eusebio dejó su huella en el Mundial de 1966, marcando 9 goles. Extremadamente concentrado, corría sin parar, imposibilitando que se le vigilase de cerca. La apoteosis llegó cuando jugaron frente a Corea del Norte, gracias a sus cuatro disparos gloriosos en cuartos de final. Únicamente Bobby Charlton fue capaz de poner fin al imperio del atacante. El jugador, natural de Mozambique, solía lucir el número 13 en la espalda. Se dice que este número da mala suerte. A él, desde luego que no. ¡Qué bello era, y cómo corría a pequeños pasos, tan grácil! Golpeaba desde todos los ángulos, hacía piruetas sin esfuerzo y lanzaba cañonazos en plena carrera. Directos a la escuadra. Eusebio tenía ojos dulces, que se convertían en relámpagos durante el partido. El jugador de ébano jamás lanzaba al vacío. La *Eusebio attitude* despertaba el lirismo de los periodistas. El goleador transformaba el fado en samba. Con la derecha o con la izquierda, reducía todas las defensas posibles con un balón de acero templado. Eusebio se iba deshaciendo de sus adversarios, cual hombre con prisas que se desviste en las escaleras antes de llegar a su casa. Nunca dejaba de sorprendernos cuando se ponía en la línea de mira para apuntar a las redes. Se estiraba al máximo en los tiros más complicados, recordándonos a una estrella del Bolshoi. Era capaz de recuperar balones que considerábamos perdidos para siempre y golpearlos desde fuera de línea con la furia de los desesperados. Este hombre transformaba en éxito los fracasos de sus adversarios. Hemos visto a cuatro italianos y a cinco españoles apartarse de su trayectoria, admirados ante la belleza del enemigo temporal, y vimos también cómo le plantó cara al reinado madrileño de Di Stéfano y Puskas, quitándoles de las manos la Copa de Europa de 1962 con un 5-3 a su favor, en un bello 2 de mayo en Amsterdam. Los dos goles del portugués hicieron inútil el triplete de Puskas. Tras Fernando Pessoa, Eusebio se ha ganado el puesto de hombre más importante del onirismo portugués. Cuando Eusebio se cruzaba con Pelé, creíamos que Pelé era Eusebio.

EUSEBIO,
1965. >

Lev YACHINE

Dino ZOFF

Franz BECKENBAUER

Paolo MALDINI

Giacinto FACCHETTI

LOS
DEFENSAS

«LOS GOLEADORES PUEDEN FALLAR EN MIL OCASIONES, SIN EMBARGO, UNA SOLA EQUIVOCACIÓN DE UN PORTERO CONDUCE A LA HUMILLACIÓN PÚBLICA».

Es un gran puesto, ya que permite a quien lo cubra, usar las manos en un deporte en el que sólo se puede utilizar piernas, torso y cabeza. Peter Handke debería haberse planteado ponerle a su libro el título «La angustia del tirador en el momento del penalti», ya que la presión recae principalmente sobre quien quiere marcar. Basta un segundo para arruinar toda una reputación. Como decía Moacyr Barbosa, «en Brasil, la pena máxima son 30 años, ¡pero a mí me cayeron 50 por un crimen que no cometí!». Su sentido del humor no le salvó de que se le hiciese máximo responsable de la derrota de Brasil en el Mundial de 1950. Batido por un tiro a ras del poste, el guardameta de la *Seleçao* se convirtió en un paria de la sociedad. Igualmente, el portero de la selección española que soltó tras su línea de meta el balón que había lanzado Platini, concediendo así la victoria de la Eurocopa 84 a Francia, no sólo dio su nombre (Arconada) al fatal error, sino que fue víctima de un ostracismo similar. Y eso que el sólido español no era, para nada, malo, pues salvó en 68 ocasiones la portería. El resto de jugadores se libra de la amenaza de una desgracia de estas características. Porque, de los guardametas, únicamente recordamos las faltas, y así, aunque Gordon Banks hiciese una jugada maestra ante Pelé, nunca tuvo el honor de ver convertido su nombre en sinónimo de «parada refleja», mientras que Panenka ya tiene significado propio en la jerga futbolística, desde el día en que ridiculizase a Maier con su tiro legendario. En 1976, la falsa desenvoltura del atacante impulsó a los checoslovacos a la cima del fútbol europeo. Solo y ante el resto de jugadores, un gran portero influye en el juego, da seguridad a sus defensas e impresiona a sus adversarios, que fallan al querer evitarlo constantemente. Como decía Ricardo Zamora, «los goles que catalogamos de imparables no son, si molestas a quien quiere marcarlo». Claro que él no temía recibir golpes en la caja torácica. ¿Locura o anticipación? Un poco de ambas y mucho, mucho coraje. Entre los grandes porteros también tiene su plaza Oliver Kahn: el monumento del Bayern de Múnich dijo adiós a los 39 años, tras 550 partidos en la Bundesliga y 86 con la Mannschaft. Gyula Grosics, tan seguro en su línea, Sepp Maier, o Gianluigi Buffon... no carecemos de grandes figuras entre los cancerberos, empezando por Chilavert, el cual, además de defender, marcaba. El término «defensa» se aplica a todos los defensores, desde Marche hasta Bossis, pasando por Nilton Santos, Bergomi, Costacurta, Amoros, Moore, Stam, Cafu y Roberto Carlos. Pero la elección de los protagonistas de un libro como este es parecida a la de un seleccionador a la hora de formar su plantilla…

RACING CLUB DE PARÍS-
SOCHAUX, 1930. >

LEV YACHINE
MANOS DE TERCIOPELO EN GUANTES DE HIERRO

Moscú (Rusia)

Nacido el 22 de octubre
de 1929
Fallecido el 21 de marzo
de 1990

Portero
(1,85 m, 83 kg)

Clubes: Usine de Touchino,
Dínamo de Moscú

78 partidos de selección

Palmarés:
Campeón Olímpico 1956
Campeón de Europa
de Naciones 1960
5 Campeonatos de la URSS
3 Copas de la URSS
Balón de Oro 1963

Era el único portero que veíamos cuando el juego estaba teniendo lugar en el otro extremo del campo. Era la cara sonriente del comunismo. Su notoriedad no mengua al comparársele con la de Soljetnitsyne, Sakharov o Rostropovitch. «CCCP», leíamos en las camisetas de sus compañeros. No en la suya. El coloso de la sonrisa permanente era el primero en entrar al terreno de juego, seguido por una serpiente humana. Siempre de negro, impresionaba tanto a sus adversarios que estos se lo tenían que pensar dos veces antes de chutar. Su tamaño no le impedía ser bueno en su puesto. A menudo, salía más allá de su área y exhortaba a sus compañeros. Llevó a la Unión Soviética hasta la semifinal de la Copa del Mundo del 66. Eusebio, tras disparar el penalti que les daría la victoria y el tercer puesto (Portugal 2-URSS 1), no pudo menos que pedirle disculpas a su víctima. Yachine paraba disparos considerados imposibles de atrapar, en posturas nada estéticas ¡pero tan sumamente eficaces! Su mote, «la araña negra», le iba como anillo al dedo, puesto que era capaz de poner rodillas y codos en ángulo recto. También le llamaban «el gato volador», capaz de lanzarse contra un grupo de jugadores, extendiendo sus cuatro interminables miembros. Cuando se lanzaba, levantaba la cabeza, colocaba el torso encima del balón parado contra el suelo y las piernas en el aire. Los atacantes temían encontrarse en su trayectoria cuando despejaba la bola, que en sus manos adquiría las dimensiones de una pelota de balonmano. Tremendamente hábil con los pies, se transformaba en defensa sin servirse de las manos. Líder incuestionable de su equipo, valía como mínimo por dos. Aparte de él, ningún otro portero ha tenido el honor de recibir el Balón de Oro. Todos pedían con entusiasmo que participase en su alegría, y cuando aparecía, estaba más solicitado que el jugador agasajado. Con sus rodilleras y sus guantes, tenía el aire de un motorista sin moto. Pantalones muy cortos, solo veíamos sus muslos y su cara. Podríamos haber ido a la guerra de su mano. Imposible cuestionar su titularidad: durante trece años, llevó la camiseta de su selección, y durante dos décadas la del Dínamo de Moscú.

Tras sufrir una trombosis, se le amputó la pierna derecha, seis años antes de morir. Los rusos le nombraron mejor deportista de todos los tiempos e incluso aquellos que nunca le vieron jugar le recuerdan.

LEV YACHINE,
1958. >

DINO ZOFF

LA ETERNA JUVENTUD DE LA *SQUADRA AZZURRA*

Mariano del Friuli (Italia)

Nacido el 28 de febrero
  de 1942

Portero
(1,82 m, 78 kg)

Clubes: Udinese, Mantova,
  Nápoles, Juventus de Turín

112 partidos de selección

Palmarés:
Campeón del Mundo 1982
Campeón de Europa de
  Naciones 1968
Copa UEFA 1977
Copa Intercontinental 1985
6 Campeonatos de Italia
2 Copas de Italia

Natural de Friuli, destilaba la sabiduría propia de las gentes del campo. Y a pesar de que no integró la *Squadra Azzurra* hasta los 26 años, no la dejaría hasta los 41. Su nombre vibra como el de un domador de leones. En sus comienzos, nada presagiaba que gozaría de una carrera tan larga: como sucedió con Platini (a quien el Metz rechazó a causa de una insuficiencia respiratoria), el joven italiano no superó las pruebas ni del Inter de Milán ni de la Juventus de Turín, ya que los encargados del reclutamiento consideraron que era demasiado bajo y no tuvieron en cuenta ni su madurez ni sus ganas de darlo todo.

En 1956, Dino aún tenía tiempo por delante para llegar a ser Zoff. Se ejercitó en el modesto club Marianese, y treinta y tres centímetros más tarde y con ya 20 años, el Udinese, en Serie B, lo fichó. Portero en el Mantova, debutó en la selección nacional para disputar la Eurocopa 1968, trofeo que obtuvo tras cuatro partidos vistiendo la camiseta de la *Squadra Azzurra*, junto con Facchetti, Burgnich, Domenghini, Sandro Mazzola, De Sisti y Riva. Debido a su traslado al Nápoles, los dirigentes del norte le alejaron de la *Nazionale*, sustituyéndolo por Albertosi. Sin él, los italianos llegaron a la final de la Copa del Mundo de 1970, donde cayeron ante el Brasil de Pelé, en pleno apogeo de su gloria.

Desde que firmó con la Juventus de Turín, el portero ganó una plaza inamovible de titular. Así, le ganaba la partida al destino: finalmente, la «Vieja Dama» lo acogía en su seno. Con pocos goles marcados en su portería, se ganó el puesto de capitán de la *Nazionale*, a la que dirigiría en 59 ocasiones, conduciéndola a la cima del fútbol, con tres participaciones en la Copa del Mundo, amén del cuarto puesto de 1978. Su humanidad infundía seguridad a sus compañeros, que se confiaban a él. El 11 de julio de 1982, con 40 años, Dino Zoff saboreó la gloria, pues llevó a casa la Copa del Mundo que Italia llevaba esperando desde 1938. Vestido a menudo con un jersey azul cielo, su figura infundió confianza a sus compañeros (Scirea, Gentile, Cabrini, Bergomi, Tardelli, Conti, Rossi y Altobelli), que comenzaron tímidamente el torneo, para irse creciendo poco a poco. En la película «El bueno, el feo y el malo», sin duda habría sido el bueno. Con 1.143 minutos de imbatibilidad en la portería, Zoff solo faltó a una convocatoria en once años, al lesionarse una mano tras 175 partidos seguidos. Convertido en seleccionador, condujo a la *Squadra Azzurra* a la final de la Euro 2000. Pero David Trezeguet hizo llorar a Italia.

DINO ZOFF.
1982. >

FRANZ BECKENBAUER
EL FUTBOLISTA QUE SE DESHIZO DE LA IDEA DE PERDER

Múnich (Alemania)

Nacido el 11 de septiembre
  de 1945

Defensa
(1,81 m, 75 kg)

Clubes: SC Múnich, Bayern
  de Múnich, Cosmos Nueva
  York, Hambourg SV

120 goles

103 partidos de selección
  (14 goles)

Palmarés:
Copa del Mundo 1974
Finalista de la Copa
  del Mundo 1966
Campeonato de Europa
  de las Naciones 1972
3 Copas de Europa
  de Clubes Campeones
Copa Intercontinental 1976
Recopa de Europa 1967
5 Campeonatos
  de Alemania
4 Copas de la RFA
3 Campeonatos
  de los Estados Unidos
Balón de Oro 1972 y 1976

FRANK BECKENBAUER,
1971. >

Mientras Konrad Adenauer volvía a dar legitimidad a Alemania con el General de Gaulle que lo invitó a Colombey-les-Deux-Églises, marcando la fraternidad entre ambos países y siendo de hecho el canciller el único jefe de estado invitado a la casa particular del presidente de la República, el joven Beckenbauer, de 13 años, acababa su formación antes de ingresar en el equipo banderín del Bayern de Múnich el 6 de junio de 1964. Distinguido y orgulloso, él fue la persona que los alemanes esperaban. El jugador ya mostraba una impecable pose en las fotos. Muy pocos jugadores cruzaron la línea que separa a los buenos de los muy buenos. Si hubiéramos cogido un trozo de papel y una regla de cálculo para sacar el prototipo de jugador perfecto con lo que se necesita de técnica y de vista, de mente y de inteligencia, habríamos obtenido al carismático Beckenbauer, limpiaparabrisas en el centro del campo, goleador, recuperador y estratega al mismo tiempo. Odiaba molestarse para nada. Entrenarse, viajar sin parar, correr siempre y verse obligado a alejarse de casa a menudo, eran demasiadas motivaciones para ganar. No se le ha visto jamás con mala cara. Incluso cuando perdía, salía del campo con la cabeza bien alta y la nuca rígida. En el club, tenía una colección de trofeos entre los que estaba el histórico triplete en la Copa de Europa de Clubes Campeones de la historia del Bayern de Múnich. Se abandonaban los años de Cruyff, absoluto héroe del fútbol, para empezar la década de Beckenbauer, heraldo del fútbol físico-realista. Alemania no solo era una máquina de marcar goles: desarrollaba un juego sin cursilería a toda velocidad. En dos pases, los alemanes atravesaban el terreno. La trayectoria del Kaiser empezó con la derrota en Wembley, en la final de la Copa del Mundo de 1966, que se perdió con el famoso gol litigioso de los ingleses. Con el pitido final, se sintió inexistente en el templo del fútbol británico. Beckenbauer tenía un sentimiento de desorden porque se pasó el tiempo impidiendo jugar a Bobby Charlton, sin tomar parte en la construcción. De este revés sacó una invulnerabilidad. En 1970, en México, Alemania estaba perdiendo 2-0 en cuartos de final de la Copa del Mundo antes de que marcara el gol de la revuelta para ganar, finalmente, 2-3. Inglaterra perdía su corona y Beckenbauer mandaba a Charlton de regreso a Manchester. La prórroga, Italia-Alemania, fue una carrera. Los italianos marcaron rápido y los alemanes empataron en los últimos segundos. La partida de escondite siguió durante la prórroga: Alemania se adelantó 2-1 pero, al cabo de tres minutos, Italia empató. La *Squadra Azzurra* marcó un nuevo gol, justo antes de que Müller

permitiera a los suyos volver a marcar 3-3. La felicidad duró poco: en el minuto siguiente, Rivera envió a Italia a la final. Con el hombro lesionado, Beckenbauer se quedó en el césped, Alemania había hecho ya los dos cambios reglamentarios. Con el antebrazo pegado al cuerpo con un trozo de esparadrapo, el caballero no dejó de correr. La retransmisión televisiva, con las primeras imágenes en color, hizo mundialmente famoso a Beckenbauer, cuyo brazo en cabestrillo se hizo tan famoso como la mano de Napoleón en la barriga. Cuando fue el turno de Alemania de organizar la Copa del Mundo en 1974, resistió a la presión del evento y ganó el trofeo, para desesperación de Cruyff. Nombrado seleccionador nacional, llevó a Alemania a la final del Mundial de 1986 pero se rindió ante Maradona. Cuatro años más tarde, la historia se repitió en un escenario contrario. Beckenbauer exclamó: «Jamás una victoria ha sido tan merecida». Exageraba: Alemania se benefició de un penalti un tanto generoso. Beckenbauer sabe que Maradona es un genio, pero no lo admitirá jamás.

< Franz Beckenbauer.
1970.

PAOLO MALDINI

LA CLASE DE UN CASANOVA ENAMORADO DEL FÚTBOL

Milán (Italia)

Nacido el 26 de junio de
1968

Defensa
(1,86 m, 83 kg)

Club: AC Milán

33 goles

126 partidos de selección
(17 goles)

Palmarés:
Subcampeón del Mundo
1994
Subcampeón de Europa
de Naciones 2000
5 Ligas de Campeones
2 Copas Intercontinentales
5 Supercopas de Europa
2 Copas de Europa
de Clubes Campeones
4 Supercopas de Italia
7 Campeonatos de Italia
Copa de Italia 2003
Copa del Mundo de Clubes
2007

PAOLO MALDINI,
2006. >

Es la caja negra del fútbol italiano: su carrera nos cuenta el *calcio* contemporáneo. Imagine a Claude Brasseur más deslumbrante que Pierre Brasseur. Mejor que un hijo de la pelota, el hijo del fútbol. En la familia Maldini, me pido el padre, Cesare, defensa del AC Milán, ganador de 4 *scudetti* y de la Copa de Europa de Campeones de 1963. También me pido el hijo, Paolo, cubierto con más laureles si cabe. La academia del Balón de Oro no quedó en buen lugar al concederle el trofeo a Fabio Cannavaro, en vez de a Maldini hijo. Pero me alegro de que no se incluya en el palmarés el nombre de Materazzi, ese descuartizador de atacantes.

Con su apariencia de número 10, Paolo Maldini es la antítesis del defensa bruto y seco. El impasible se construyó teniendo como referencia a su augusto compañero, Franco Baresi. Fuera del mundo del fútbol, admira al tenista Björn Borg y a Edwin Moses, el corredor de los 400 metros que sólo demuestra interés por los vencedores. Criado con el biberón del AC Milán, Paolo disputó su primer encuentro profesional con 16 años, una edad en la que sus amigos prefieren divertirse en las discotecas. Pero él acabará sobre el terreno, mientras el resto tendrá que conformarse con las gradas. Maldini prefiere vivir su sueño, no dejarlo pasar, dedicarse a una pasión que empapa todos los aspectos de su vida. El talento ni se contagia, ni se hereda. No se coleccionan las Copas de Europa como quien hereda un estanco. Cesare Maldini nunca enchufó a su hijo, y, mientras lo tuvo bajo sus órdenes, lo trató de manera distante, para que no hubiese nada que reprocharle. Fuera del AC Milán y de la casa familiar, los Maldini, padre e hijo, han coincidido en la selección sub 21 y la *Nazionale*. En coche o en el salón, el mayor de los Maldini evocaba sus recuerdos vividos con sus compañeros, y hablaba poco de táctica. El padre subrayaba el espíritu colectivo. En casa de los Maldini, el héroe es Nils Liedholm, santo patrón sueco que enseña a los milaneses la importancia de expresar la personalidad de uno mismo en todas y cada una de las jugadas. Están los que se resignan, y los que no. Un malabarista no es sino un pelele frente a quien sabe de veras apoderarse del balón. Maldini *junior* estaba tan seguro sobre el terreno de juego, que incluso si era diestro, evolucionaba hacia la izquierda. Siempre en movimiento, la cara opuesta al *bad boy* tuvo un profundo respeto por Van Basten, su antiguo y compañero. El adversario más duro fue Maradona, imposible de parar. Maldini llegó a preguntarse si no le habían maldecido en la escena internacional, a fuerza de perder la Copa del Mundo en cuatro ocasiones. Maldini jugaba mucho con la cabeza, y poco con las piernas. Su deseo era darle vida al balón, en beneficio de sus compañeros.

GIACINTO FACCHETTI
EL DEFENSA QUE SE TRANSFORMABA EN EXTREMO

Treviglio di Bergamo (Italia)

Nacido el 18 de julio
  de 1942
Fallecido el 4 de septiembre
  de 2006

Defensa
(1,88 m, 85 kg)

Club: Inter de Milán

78 goles

94 partidos de selección
  (3 goles)

Palmarés:
Subcampeón del Mundo
  1970
Campeón de Europa
  de Naciones 1968
2 Copas de Europa
  de Campeones
2 Copas Intercontinentales
4 Campeonatos de Italia
Copa de Italia 1978

La modernidad del defensa se hacía palpable en sus incesantes galopadas, que relegaban al extremo que supuestamente debía controlarlo a un mero papel defensivo. El atleta lo tenía todo: era guapo, alto y fuerte. Incuso aunque golpease de cabeza, parecía no despeinarse. Defensa del Inter de Milán, fue temido por los entrenadores de los equipos a los que se enfrentaba, debido a su temperamento ofensivo. El defensa fue tan importante para el entrenador Helenio Herrera, conocido como *Il Mago* («El mago»), como el atacante Sandro Mazzola, ya que no por haber sido el precursor del *catenaccio* el mago HH se sirvió menos del arte del contraataque. Los realistas italianos contenían los repetidos asaltos para, acto seguido, enviar al «agujero» a aquellos que rematarían el partido. Y, mientras que cuando pensamos en el antiguo entrenador del Inter, a menudo evocamos el dopaje, Facchetti el asceta, que no dejaba nada al azar, no se salía ni un ápice de su rutina de ejercicio físico y alimentación biológica. El ecologista, tan adelantado a su tiempo, se cuidaba al máximo. Sobresaliente en los *sprints* repetidos, Facchetti hizo que su posición avanzase unos treinta años. En su primera aparición en la Copa de Europa de Campeones, Facchetti y los suyos le quitaron el trofeo de 1964 al Real Madrid, engangrenado a causa de la mala relación existente entre Di Stéfano y Puskas, única explicación posible para el fin de su reinado europeo. La cobertura defensiva de Facchetti superó a los artistas madrileños. El año siguiente, Eusebio y el Benfica probaron la misma medicina. Ciertos incultos osaron comparar al italiano con un robot, dada su capacidad para correr arriba y abajo por la línea de campo. Su bravura le permitía salir vencedor de cualquier duelo y le convirtió en uno de los mejores defensas del mundo del esférico. Un gladiador sonriente. «¿Que estoy obsesionado con permanecer atrás? ¡Pero si he marcado 78 goles!» La única mancha en su expediente, la derrota en la final de la Copa del Mundo 1970. La *Squadra Azzurra* cayó ese día contra once marcianos dirigidos por Pelé. No se trató de una derrota. Llamémoslo, mejor, evidencia.

GIACINTO FACCHETTI,
1970. >

Ruud GULLIT

Roberto BAGGIO

Johan NEESKENS

Michel PLATINI

Zinedine ZIDANE

LOS
ARQUITECTOS

«LA LUZ LLEGA DE LOS ESTILISTAS DEL ESFÉRICO. ENVÍAN ESPERANZA JUNTO CON LOS COMETAS QUE SON CAPACES DE LANZAR».

Por supuesto, el pie no es sino un instrumento puesto que el verdadero artista es el cerebro. Si se lo pidiésemos, los arquitectos marcarían un penalti de cabeza. Sin ellos, el fútbol solo sería un deporte de vagos. De ahí el formidable éxito del esférico en los cuatro puntos cardinales del planeta. Un equipo necesita quien lo defienda, quien recupere el balón, quien cree jugadas maestras y quien dé el toque final. Si alguno de ellos falla, pasaremos de la fanfarronería al fiasco. A menudo, los estrategas llevan el número 10, como Puskas, Pelé o Platini. O el 7, como Garrincha, Best o Cantona. Ellos deciden y los demás ejecutan sus órdenes. Sin embargo, desde que se acabó el siglo XX, hemos visto florecer números 23 o 27, absolutamente carentes de significado, ya que no será la mediocridad de quienes llevan estas cifras la que hará cambiar la escala Richter del talento.

Un pase exterior derecho del zurdo Puskas, en plena carrera, hacía que ir al estadio mereciese la pena. Un taconazo de Di Stéfano ponía de pie a 100.000 madrileños. Por su parte, Fritz Walter, el centrocampista alemán de estilo innegablemente latino, ofreció su primera Copa del Mundo a Alemania en 1954. En el Estadio de Francia, Youri Djorkeff le ofreció el esférico en bandeja a Thuram contra Croacia en 1998. Pero poca gente recuerda al autor del último pase, sobre todo si éste no acaba convertido en gol. Los arquitectos se fusionan con el balón, que acaban dominando desde todos los ángulos gracias a que saben aunar visión y técnica.

Un equipo que carezca de un Le Corbusier no es tal. A veces, incluso tienen la suerte de contar con dos, como con Puskas y el centrocampista Jozsef Bozsik, que corría entre las líneas ofensivas y defensivas para tapar cualquier hueco existente y marcar el tempo. Uno de los talentos más eficaces fue Josef Masopust, as del Dukla de Praga de los años 60 y único Balón de Oro del país de Kafka. Bajo su mando, Checoslovaquia llegó hasta la final de la Copa del Mundo 1962, que disputó y perdió contra el Brasil de Garrincha. En 1970, Brasil cuenta con todo un elenco de arquitectos: Pelé, Rivelino, Tostao y Gerson (un zurdo al que se tiene muy en cuenta). Mónaco también alcanzó la excelencia, con Théo y Hoddle. Por su parte, Uruguay tuvo a Francescoli como orfebre. Checoslovaquia, a Nedved. Y en Hungría, Albert Florian hizo una llamada al final de su carrera para alertar de que el *catenaccio* estaba masacrando la belleza del espectáculo.

Hoy, ciertos adeptos a los pases milimetrados, como Kaká, Pirlo y, de vez en cuando, Ribéry, también tienen algo que decir, aunque cada uno lo haga en su propio registro. Los tiempos han cambiado: el Mundial ya no es el esperado escaparate. La televisión nos lo muestra todo, en todo momento. Los jugadores ya no necesitan esperar cuatro años para hacerse remarcar.

COPA DEL MUNDO, 1954. >

RUUD GULLIT
EL ACELERADOR DE CABALGADAS FANTÁSTICAS

Amsterdam (Holanda)

Nacido el 1 de septiembre
  de 1962

Centrocampista
(1,85 m, 85 kg)

Clubes: Meer Boys, DWS
  Amsterdam, Harleem,
  Feyenoord Rotterdam,
  Eindhoven, AC Milán,
  Sampdoria Gênes, Chelsea

258 goles

66 partidos de selección
  (17 goles)

Palmarés:
Campeón de Europa
  de Naciones 1988
2 Copas Intercontinentales
2 Copas de Europa
  de Campeones
3 Ligas de Holanda
Copa de Holanda 1984
3 Ligas de Italia
2 Supercopas de Italia
Copa de Italia 1994
Copa de Inglaterra 1997
Balón de Oro 1987

RUUD GULLIT.
1995. >

Rijkaard y él nos hicieron vivir de nuevo la unión existente entre Neeskens y Cruyff. Encarnaban el segundo soplo de aire fresco del país de los tulipanes, con un nuevo elenco de campeones que era la envidia de toda Europa: Koeman, Muhren, Suvrijn, Wouters y Vanenburg, y que además contaba con el tanto adicional de tener al cañonero Van Basten de su lado (nunca está de más tener a un jugador que convierte los pases en goles y que hace brillar a quien pasa el balón). La banda de Gullit vengó a la de Cruyff en la Eurocopa de Múnich 1988, e hizo realidad la victoria que sus antecesores no fueron capaces de conquistar en la Copa del Mundo de 1974. En ambas ocasiones, Rinus Michels se encontraba al mando. Los Mosqueteros del AC Milán (Rijkaard, Gullit y Van Basten) ofrecieron a su país su primer título de altura, gracias a los dos tantos marcados por Gullit y Van Basten contra una URSS entrenada por el prestigioso Valeri Lobanovski, quien insufló velocidad de ejecución a su grupo. Para los holandeses, la mayor victoria fue la de derrotar en su propio campo y en semifinal a la nación enemiga por antonomasia, ¡la RFA! Los testigos de la Segunda Guerra mundial perjuraban que el país no había vuelto a vivir una algarabía semejante desde la evacuación de la ocupación alemana. Las cabalgadas por la banda de Gullit fueron un instrumento indispensable a tal fin.

El infatigable atleta, cuyos orígenes encontramos en Surinam, de donde procedía su padre, desprendía energía en todos sus ataques. Cuando desbordaba el largo de la línea de banda, parecía que sus pies no llegaban a tocar el suelo, de lo rápido que corría, como si en vez de pies, tuviese alas. Tranquilo y despreocupado como si de un músico *reggae* se tratara, veía el fútbol desde el ángulo del espectáculo y del ataque, con el mismo espíritu que Johan Cruyff, conciencia neerlandesa. Adepto de la no violencia, Gullit sufrió no pocas lesiones por parte de ciertos adversarios que se aprovechaban de su negativa a responder a las provocaciones. Sus modelos no fueron tanto Pelé o Eusebio como Gandhi y Mandela, a quien dedicó el Balón de Oro que recibió en 1987. El líder del movimiento contra el *apartheid* en Sudáfrica llevaba en prisión desde 1962. Holanda, que a menudo se lamenta de no haber sabido ensamblar su galaxia de campeones con el ego sobredimensionado, solo pudo alabar al bueno de Gullit, que decidió marcharse a Inglaterra, nueva tierra dorada del fútbol.

ROBERTO BAGGIO

UN ARTISTA CAPAZ DE TRANSFORMAR LO ANODINO EN OBRA MAESTRA

Caldogno (Italia)

Nacido el 18 de febrero
de 1967

Centrocampista
(1,74 m, 73 kg)

Clubes: Vicenze, Fiorentina,
Juventus de Turín, AC Milán,
Bolonia, Inter de Milán,
Brescia

290 goles

56 partidos de selección
(27 goles)

Palmarés:
Subcampeón del Mundo
1994
Copa de la UEFA 1995
2 Ligas de Italia
Copa de Italia 1995
Supercopa de Italia 1996
Balón de Oro 1993

Si Clemenceau consideraba que «subir la escalera es el momento álgido del amor», Baggio pensaba que la belleza de la jugada precede al gol. Este repartidor de alegrías escribía acerca del fútbol como si fuese miembro de una liga de improvisación. Roberto Baggio es la ilustración de la gracia futbolística. Pequeño, frágil, dotado de un exterior derecho de precisión diabólica y siempre concentrado en el partido que iba a jugar, el hombre del *codino* («la coleta») tenía ese tipo de alma radiante que también sentíamos en Gérard Philipe, María Callas o Ray Charles. Pero esta evidencia no está ligada a la admiración que transforma a un seguidor en *groupie* descerebrado. Baggio llevaba a cabo jugadas inéditas con una facilidad desconcertante. Se ha llegado a decir que se desplazaba en aerodeslizador: de repente, aceleraba, se lanzaba a la superficie sin miedo a hacer competir con los defensores contrarios, y después lanzaba a puerta con un estilo único. Golpes-caricia dignos de Platini. El estadio pendía de un hilo mientras le observaba, y después explotaba el jolgorio. Fue tan querido en la Fiorentina, que su traspaso al Turín desencadenó la revuelta y, después, la depresión de los florentinos. Su ida a la Juventus equivalía a transferir el museo Uffici a Venecia. En la rivera del Arno, la gente vivía al ritmo de sus regates desde que, con tan sólo 19 años y después de haber burlado a toda la defensa napolitana, metiese un gol en las narices de Maradona. Se creó entonces un vínculo sensorial con Baggio, fenómeno que hasta entonces solo habíamos vivido con jugadores de tenis, cuya línea de pensamiento somos capaces de seguir durante un partido que nos cautiva. Aparte de Baggio, ningún otro italiano ha tenido el placer de marcar goles durante tres Copas del Mundo consecutivas. Su peor recuerdo es el tiro que falló en 1994, y que le valió el título mundial a Brasil.

A pesar de sus numerosas lesiones, el central concluyó una carrera colmada de prestigio capaz de emocionar a los amantes del deporte rey, siempre en búsqueda de talentos capaces de ofrecer un rayo de luz que ilumine un deporte cuya belleza pasa desapercibida para tantos ciegos. Las explosivas incursiones de este astro, convertido al budismo, parecían pasar a cámara lenta, a pesar de su velocidad real. Muy echado para adelante, su valentía le permitía efectuar proezas que sus compañeros no podrían hacer ni en sueños.

ROBERTO BAGGIO,
1998. >

JOHAN NEESKENS

EL METRÓNOMO, VIRREY DE HOLANDA

Heemstede (Holanda)

Nacido el 15 de septiembre
de 1951

Centrocampista
(1,78 m, 78 kg)

Clubes: Heemstede, Ajax de
Amsterdam, FC Barcelona,
New York Cosmos,
Groningen, Fort Lauderdale
Sun, FC Baar, FC Zug

150 goles

49 partidos de selección
(17 goles)

Palmarés:
2 veces Subcampeón
del Mundo
3 Copas de Europa
de Campeones
Copa Intercontinental 1972
Copa de Europa de
Vencedores de Copa 1979
Supercopas de Europa
3 Ligas de Holanda
3 Copas de Holanda
Copa del Rey 1978

¿Se puede separar a Black & Decker, o a Laurel y Hardy? En la Holanda de los años 70, había hueco para Johan Cruyff, Johan I, y para Johan Neeskens, Johan II. Juntos, deslumbraban en el mismo equipo y en la selección nacional. En el seno del fútbol total de Rinus Michels, Neeskens fue el encargado de aportar el impacto, la intensidad y el reto físico. Con una actividad incesante, era la pieza del Ajax que devolvía la pulsación en caso de que el grupo se desmoralizase. Además de contar con unas piernas sólidas, parecía como si tuviese tres pulmones, pues aguantaba estoicamente desde el principio hasta el final del partido. El defensa reinventó su puesto gracias a su refinamiento. Con el apoyo de su compañero, Cruyff se adentraba en el territorio enemigo más fácilmente, para imprimir ritmo y hacer avanzar el juego, seguro de que en caso de que se perdiese el balón, éste volvería a ser suyo sin problemas. Neeskens jamás enviaba balones suicidas, evitando así que quien lo recibiese perdiera tiempo, sabedor de que pararse significaba regalar tiempo al adversario para que se recolocase. Los pases «limpios» de Neeskens confirieron un mayor dinamismo al Ajax de Amsterdam, que buscaba una estabilidad tras la derrota en la final de la Copa de Europa de Campeones. El hecho de estar en constante movimiento aportó la unión entre líneas necesaria a la asociación de bienhechores holandesa. Tras un año de aclimatación, Neeskens galvanizaba su club, haciéndole vencedor del gran trofeo europeo ante 83.000 espectadores, en Wembley, frente al Panathinaïkos, dirigido por Puskas. El histórico húngaro consideró que ambos «Johans» formaban una hidra de dos cabezas. Al término del reinado del Ajax, Cruyff puso rumbo a Barcelona. Huérfano de su amigo, se alegró de acogerlo para insuflarle al Barça el espíritu de su Ajax, junto con su padre espiritual, Rinus Michels, en el mando. La generosidad de Neeskens fue todo un regalo para el equipo nacional, con Suurbier, Han, Rijsbergen, Krol, Rensenbrink y Repp. Esta plantilla, cuya batuta dirigían al unísono Neeskens y Cruyff, revolucionó el fútbol. Y aunque Johan I abandonó la nave de la naranja mecánica tras la derrota en la final de la Copa del Mundo de 1974 (debida a un exceso de confianza) Johan II no abandonó su puesto, y tuvo la desazón de revivir una derrota en la edición siguiente, frente a Argentina. Neeskens fue un grandioso hombre a la sombra: prefirió ser compositor, que cantante.

MICHEL PLATINI
LA CULTURA DE LA VICTORIA

Joeuf (Francia)

Nacido el 21 de junio
  de 1955

Centrocampista
  (1,77 m, 71 kg)

Clubes: Joeuf, AS Nancy
  Lorraine, AS Saint-Étienne,
  Juventus de Turín

222 goles

72 partidos de selección
  (41 goles)

Palmarés:
Campeón de Europa de
  Naciones 1984
Copa de las Naciones 1985
Copa de Europa de Clubes
  Campeones 1985
Copa de Europa de
  vencedores de Copa 1984
Copa Intercontinental de
  Clubes 1985
Campeón de Francia 1981
Copa de Francia 1978
2 Campeonatos de Italia
Copa de Italia 1983
Nombrado mejor jugador
  francés del siglo xx
3 Balones de Oro (1983,
  1984 y 1985)

Michel Platini,
1986. >

Entre Platini y Kopa, nada. Di Nallo y Chiesa no supieron imponerse a Gerland. Antes de *Platoche*, Francia ganaba partidos pero no conquistaba torneos. Lo que no ha impedido que los franceses olviden rápido: miércoles 29 de abril de 1987, el Parque de los Príncipes distaba mucho de estar lleno para la ocasión de los adioses internacionales del instigador de la nueva etapa. Veinte años esperando un Mesías que se despedía de los azules con una victoria, 2-0, contra Islandia. Esa tarde, pudo contar el número de seguidores que acudieron al último partido de selección del jefe de orquesta: únicamente 27.732 asistentes, una nimia cantidad frente a los 60 millones de habitantes. Pero su orgullo le había impedido anunciar que se trataba de su última incursión en el campo con los tricolores. Diez meses antes, Francia había vuelto a quedarse a las puertas de la final de la Copa del Mundo. Platini no había vuelto a sonreír desde la tragedia de Heysel, que le había costado su infancia. Los cachorros del fútbol le reprocharon su vuelta de honor el 29 de mayo del 85, a escasos metros de los cadáveres de los *tifosi* que se habían desplazado únicamente para verle. El número de muertos se duplicaba en el exterior. Su biógrafo puso en su boca las siguientes palabras «morí un 17 de mayo de 1987». Falso: la defunción había tenido lugar dos años antes. «¡Anticípate al resto!», le decía su padre cada vez que le llevaba al partido. Es el balón el que tiene que correr, no el jugador. Voluntarioso y perfeccionista, el joven Platini pasaba horas entrenándose ante maniquíes atados, para ensayar el tiro directo.

Gracias a esta arma letal, clasifica en tres ocasiones a Francia para la Copa del Mundo, que nunca acaba en sus manos. El número 10 despierta de su letargo al fútbol francés, convirtiéndose en su príncipe azul. Vivaz, jefe innato, Platini se impone en el terreno de juego y en los vestuarios con naturalidad. Sus disparos secos estaban medidos al detalle. Marcaba goles en un «pis pas» y hacía otras mil maravillas. Tantas, que algunos de sus compañeros, poco habituados a la abundancia, no sabían apreciarlo. Había que llamarse Boniek y jugar en la Juventus de Turín para ser plato de buen gusto para todos. Contra la URSS (0-2), aquel 11 de octubre de 1986, nos mostró lo solo que se encontraba, al regalar a sus compañeros pases que estos no supieron aprovechar. El Parque de los Príncipes no fue siempre su escenario ideal, allí le silbó la poco agradecida patria, como echándole en cara a este jugador de origen italiano, que hubiese exportado su saber hacer a Turín. Si los tricolores ganaron la Copa del Mundo en 1998, se lo deben, en parte, a Platini, quien

junto con Fernando Sastre, remueve cielo y tierra para que se organice en Francia. Satírico, de lengua bien afilada, se encuentra muy cómodo ante el micrófono: «lo que Zidane hace con un balón, Maradona lo hace con una naranja». Platini y los internacionales del 76 al 86 lo dejaron todo preparado, pero fueron sus sucesores quienes se llevaron el gato al agua. En 1982, en Sevilla, Francia no consiguió salir victoriosa de su encuentro con la RFA, a escasos minutos de la final de la Copa del Mundo. Se dirá después que fue un partido «fabuloso». Y sin duda lo fue, para los alemanes y para los novatos, pero no para los franceses. Tigana llora. Y nosotros con él. Platini vuelve para unirse de nuevo a los campeones del mundo italiano en la Juventus. Los futbolistas olvidan rápido porque enseguida vuelven a nacer. Los aficionados nos quedamos sentados, mascando las derrotas. Sin embargo, Giresse y Trésor recordarán eternamente sus tantos, que no sirvieron de nada. En cuanto a Six y Bossis, quedarán avergonzados para siempre de sus respectivos tiros fallidos. En 1984, Francia ganó en casa la Eurocopa, gracias a un Platini en el *summum* de sus habilidades.

Tigana, Giresse y Platini, Genghini (o Fernández) no formaron un cuadrado mágico, sino una línea complementaria. Hidalgo, su mentor, probó que la suerte es la manifestación de la voluntad. Tras la época de los fondos ilegales del Saint-Étienne, el actual presidente de la UEFA navega con soltura en los lodazales de la política, infestados de pirañas, tan peligrosas como los perros de presa del césped. Decepcionado por no haber conquistado la Copa del Mundo, Platini se ha dado a nuevos menesteres. Al final de su carrera, vuelve a Nancy, aunque no tarda en dar media vuelta. Su reconversión no fue ningún éxito hasta el momento en que vuelve como seleccionador de los *Bleus*, aprovechando un golpe de suerte de un espectacular cabezazo de Cantona a Henri Michel, escaparate del golpe de estado orquestado por Claude Bez, presidente por aquel entonces del Burdeos. Puesto a la cabeza de los azules, a los que no consigue clasificar para la Copa del Mundo de 1990, Platini retorna a la actualidad deportiva, que ya no volverá a dejar, tras un sonado desastre en la Eurocopa, a pesar de haber conseguido una esperanzadora serie de victorias para el equipo de Francia. Para su gusto, mucho ruido y pocas nueces con la nueva generación...

Muy cómodo en la preparación de la Copa del Mundo del 98, se aleja de los terrenos de juego a instancias de las directivas, con las miras puestas en el cargo de presidente de la FIFA. Y a pesar de haber sido un muy buen orador que se prodigó en la televisión, jamás le oímos decir una palabra acerca del problema del dopaje en el fútbol italiano, donde jugó durante cinco temporadas. Al margen de sus goles, marcados a menudo de un leve golpe, tuvo la satisfacción de salir triunfante de una discusión en toda regla con Marguerite Duras a la que se consideraba más conocida que el campeón mundial. Confundía audiencia de barrio con brillo universal. Aparte del Mundial, el guasón de Platini nos ha dado todo lo que podíamos desear.

< MICHEL PLATINI.
1984.

ZINEDINE ZIDANE
EL CONQUISTADOR DEL GRIAL

Marsella (Francia)

Nacido el 23 de junio
de 1972

Centrocampista
(1,85 m, 79 kg)

Clubes: US Saint-Henry
Marsella, Septèmes-les
Vallons, AS Cannes,
Burdeos, Juventus de
Turín, Real Madrid

156 goles

108 partidos de selección
(31 goles)

Palmarés:
Copa del Mundo 1998
Subcampeón del Mundo
2006
Campeonato de Europa de
Naciones 2000
Copa Confederaciones 2001
Liga de Campeones 2002
2 Copas Intercontinentales
2 Supercopas de Europa
2 Campeonatos de Italia
Liga española 2003
2 Supercopas de España
Balón de Oro 1998
3 veces Mejor jugador FIFA

Zinedine Zidane,
2006. >

Contrario a la recuperación política de los bufones que mendigan su fama, él se contentó con jugar al fútbol. Zidane sabía acelerar la marcha del juego para perturbar al equipo contrario, pasando de derecha a izquierda. Sin querer molestar a nadie, jugó el partido de su vida contra Brasil, en 1998. Desde la retirada del campeón del mundo, el fútbol ha perdido muchos gestos; cada jugador tiene su propia marca, como los artistas o los músicos. La majestuosidad del toque de Zidane pertenece a la historia del fútbol, y no es menos importante que la pincelada de Cézanne o los *riffs* de Miles Davis. Durante el Mundial 2006, el jugador se desmarcó del magma de las piernas *auriverdes* para dirigir a la orquesta tricolor. Los arabescos del de Marsella dan vértigo a los sudamericanos, reducidos a simples peleles: aceleró a su manera, multiplicó los cambios de ritmo y dirigió las maniobras de principio a fin. Muchas tentativas fallidas, para al final lograr una o dos por partido. El éxito venía de calcular los remordimientos. Ver a Zidane agotaba porque uno tenía que terminar mentalmente las jugadas que no podía concluir, a causa de sus adversarios o de sus compañeros. Auténtico controlador del conjunto, el maestro de su generación contaba pocos defectos en su partitura. Durante mucho tiempo, debió pelear para deshacerse de la fama de gafe. En la Juventus, perdió encuentros que hubiesen convertido en leyenda a quien los ganase. Siempre amable con sus sucesores, Platini había advertido a Giovanni Agnelli: «Ya verá cómo va a distraerle». El patrón de la Fiat no dejó de comparar a ambos franceses, sin advertir la personalidad de Zidane. Armado de voluntad, el marsellés consiguió marcar dos cabezazos decisivos en la final de la Copa del Mundo, así como un gol de antología en la final de la Liga de Campeones 2002, a favor del Real Madrid. Vector económico declarado, el icono mediático jamás perdió su humildad sin tacha, siempre estaba dispuesto a posar con los aficionados, sin esperar a que los medios estuviesen presentes para lanzar una sonrisa. Con un gran sentido del humor, llegó a decir de sí mismo: «la cosa va bien, mientras no abra la boca...» Su carisma también provenía de sus silencios, similares a los de Patrick Modiano.

Sorpresa garantizada. Las actuaciones de Clint Eastwood mejoran desde que toma la postura de monje trapense. Zidane fue el primer futbolista que ganó tanto dinero en Francia. El estratega sólo llorará una vez en el campo, el día en que dijo adiós desde el césped del Santiago Bernabéu. Muy organizado, ya había advertido a los madridistas de que se retiraría al finalizar la temporada,

dándoles tiempo a que encontrasen un sustituto. Viendo que a Francia no le estaba resultando sencillo clasificarse para el Mundial 2006, Zidane se retractó de su decisión de no volver a jugar con la selección, con lo que volvió a inclinar la balanza de la suerte del lado de los tricolores, amén de reavivar su juego y revitalizar la economía del espectáculo. Con un jugador capaz de marcar y de ofrecer pases decisivos, Francia escala los peldaños de la victoria, llegando a jugar dos finales de la Copa del Mundo en ocho años, todo un sueño. Hasta el día de su regreso, la selección navegaba en la nada, sin patrón, sin alma, sin inspiración. Once ociosos estáticos sin saber adonde ir. El guía volvió a tomar las riendas, y volvemos a encontrar fluidez en el juego, y sobre todo, miedo en la cara de los rivales. Más allá del cliché de las ruletas de Zidane, la contribución técnica y cerebral del capitán francés fue crucial. En la línea de Kopa y Platini, Zidane prueba que el fútbol del hexágono ha alcanzado en tres ocasiones un nivel excepcional con un creador de rompe y rasga a la cabeza. Por muy eficaz que fuese en su puesto, Patrick Viera jamás fue determinante para el juego. Francia necesitaba un fuera de serie para brillar.

Ningún destructor le ha alzado jamás entre las grandes naciones del fútbol. Zidane estuvo a punto de ganar su apuesta de que ganaría una segunda Copa del Mundo. Tras su retirada definitiva, Francia vuelve a caer en el anonimato, huérfana de talento. Más cerca de las Islas Feroe que de Brasil. A falta de un nuevo trofeo mundial, Zidane le salva el pescuezo al seleccionador en funciones, Raymond Doménech, alias «el otro», que ni siquiera le da las gracias. En Alemania, su último recital se estaba convirtiendo en una demostración antes de ceder ante la provocación de un italiano, que tras sacarle de sus casillas, recibió un cabezazo del marsellés. Cuando no hay palabras, respondemos con el cuerpo.

Expulsado, el capitán francés no pudo hacer otra «Panenka» con que seguro nos hubiese deleitado de haber estado en los penaltis. Al principio de la final de la Copa del Mundo 2006, crucificó al portero italiano con una primera «Panenka», un tipo de golpe desabrido. Su gesto se lo debía a su mítica agilidad en los tobillos. Sin esperarse al final del tiempo reglamentario, Zidane se impacienta y abandona el terreno de Berlín. Al expulsado ya no le importaba tener otra tarjeta roja. Así, comienza una polémica entre los que le daban la razón y los que no. Italia se llevó su cuarto título mundial. No lo robó. Zidane, por su parte, dio un giro a su carrera. En el descenso a los vestuarios, volvió a pasar al otro lado del espejo. Volvió a convertirse en un ser humano.

Paul GASCOIGNE

George BEST

Ronaldo de Assis Moreira
«RONALDINHO»

Éric CANTONA

LOS
REBELDES

«LOS IMITADORES HACEN MUCHO DAÑO A LOS ORIGINALES. SÓLO LOS QUE NO IMITAN NADA NI A NADIE, HACEN AVANZAR EL MUNDO».

El buen ciudadano es el que quebranta las malas leyes. Los rebeldes abandonan filas en el momento del desfile. Muchos no son más que espectros de clichés que parecen remontarse a Pipino el Breve. Desde siempre, los rebeldes han sido atractivos. Si sólo hubiera buenos chicos, el planeta no sería más que un nido de copiones sin personalidad. Los insumisos se distinguen porque no imitan a los demás. Al centrocampista ofensivo alemán, Bernd Schuster, se le consideraba un traidor por firmar con el Barcelona en un momento en el que estaba mal visto dejar Alemania. En el fútbol, como en el resto de los sitios, los clones no son más que duplicados insignificantes. Al contrario que los jugadores dóciles, llenos de abnegación, los indomables aportan algo nuevo a lo que llaman estilo. Orson Welles, no convirtió sus películas en las de Claude Autant-Lara. El mayor indócil es el austriaco Sindelar, que se negó a jugar con el equipo austro-alemán tras la anexión de su país por parte de Hitler. Le costó la vida. Ser rebelde en el entorno futbolístico no significa hacer lo que a uno le dé la gana. Se trata más bien, de negarse a las malas consignas. Hay profesionales que dejaron clubes porque se opusieron a la inyección de «vitaminas» que garantizaba su constancia en el terreno. Antoine Bonifaci se negó a tomar productos en los vestuarios italianos a principios de los años 50. Tampoco seguía el plan de su entrenador que, hacia el final de la temporada, decía: «Hoy, levantamos el pie…» Un vídeo en Internet muestra a Fabio Cannavaro con perfusión en una habitación de hotel cuando jugaba en Parma. Daniel Bravo confirmó que, en ese club, le solían poner inyecciones. Los que rompen la *omertá* no lo hacen durante mucho tiempo si no quieren ser tratados como parias. No es suficiente con prodigarse en los medios para convertirse en el Zorro. Emmanuel Petit sacó partido a la Euro 2008 para vender un libro en el que acusaba a Zidane de servir a la causa del gran capital. La polémica no sirvió más que para vender la mentira de un jugador convertido en Campeón del Mundo gracias a Zidane… En lo que respecta a Vikash Dhorasoo, famoso por haber calentado el banquillo de suplentes del AC Milán, su postura política en la Francia conformista aparece setenta y siete años después de Raoul Diagne, que quería ser apreciado por su talento y no por su color de piel.

LOS HINCHAS ESPAÑOLES, 1966. >

PAUL GASCOIGNE
EL SUICIDA DE LA SOCIEDAD DEL FÚTBOL DE LAS ESTRELLAS

Gateshead (Inglaterra)

Nacido el 27 de mayo
  de 1967

Centrocampista
(1,77 m, 78 kg)

Clubes: Newcastle United,
  Tottenham, Lazio de Roma,
  Glasgow Rangers,
  Middlesbrough, Everton,
  Burnley, Gansu Tianma,
  Boston United, Kettering
  Town

241 goles

57 partidos de selección
  (10 goles)

Palmarés:
Copa de Inglaterra 1991
2 Campeonatos de Escocia
Copa de Escocia 1996
Copa de la Liga escocesa
  1997
Jugador del año en Escocia
  1996

PAUL GASCOIGNE.
2002. >

A Gascoigne se le ocurrió eructar delante de un micrófono en un reportaje de televisión. El eructo dio la vuelta al mundo. Así la prensa mantiene a las leyendas de los chicos malos. Esa era la respuesta de Gascoigne cuando no tenía nada que decir después de una derrota. Su sinceridad volvió a jugarle una mala pasada. Extremadamente sensible, era alcohólico como muchos jugadores que ya no viven como Brian Clough, el histórico directivo del Nottingham Forest. «Bebemos juntos, borrachos estamos solos», afirmaba Antoine Blondin, conocido por su adicción al alcohol. Desde que caía el sol, Gascoigne vagaba por los pasillos del hotel, sin arraigo afectivo. En febrero de 2008, lo sorprendieron acompañado por un loro electrónico al que hablaba en un restaurante. Los periódicos locales enloquecieron: «El destino quebrado de *Gazza*»; «Un ídolo agonizando»; «El hombre que habla con los pájaros de juguete». Con úlceras de estómago en hospitales psiquiátricos, Gascoigne era rechazado hasta en China con cuestiones que le hacían daño: «¿Ya no juego más? ¿Ya no existo?» A lo largo de su carrera, no se privó de vivir de juerga, olvidándose de que la salud hay que mantenerla igual que se mantiene la técnica. Esto no minaba sus cualidades de juego como uno de los mejores futbolistas de la historia de su país. Marcó goles que nadie habría marcado: después de haber regateado a todo el mundo, se presentó delante del portero escocés en la Eurocopa de 1996 para dar el toque final. Su fútbol creativo producía acciones que raramente se veían. Durante la Copa del Mundo de 1990, Gascoigne rompió en llanto al término de la semifinal contra la RFA, superior a Inglaterra en la tanda de penaltis. Durante la prórroga, Gazza, vio una tarjeta amarilla que le impedía jugar la posible final. No estaba bien recompensar su exceso de energía. En el fútbol, los hay que lloran, como Pelé y Maradona, y los hay que no lo hacen, como Cruyff y Beckenbauer. En 1996, Gascoigne se lamentó de vivir exactamente la misma pesadilla que en la Eurocopa, a puertas de la final contra el mismo adversario y en las mismas condiciones, ¡y encima, en casa! El cabecilla y goleador del juego tenía ese punto de locura necesario para entusiasmar en los partidos en su favor. Las heridas y sus cuatrocientas copas remitieron a Henri Calet: «No me sacudáis, estoy lleno de lágrimas». Solo, estaba en malas compañías.

GEORGE BEST

FÚTBOL, *WHISKY* Y CHICAS

Belfast (Irlanda del Norte)

Nacido el 22 de mayo
 de 1946
Fallecido el 25 de noviembre
 de 2005

Delantero
(1,75 m, 68 kg)

Clubes: Cregagh Boys' Club,
 Manchester United,
 Dunbstable Town, Stockport
 County, Cork Celtic, Fulham,
 Los Ángeles Aztecs,
 Fort Lauderlale Strikers,
 Hibernian Edimburgo,
 San José Earthquakes,
 Motherwelle

190 goles

37 partidos de selección
 (9 goles)

Palmarés:
Copa de Europa de Clubes
 Campeones 1968
2 Campeonatos de Inglaterra
Copa de Inglaterra 1963
2 *Community Shield*
Mejor jugador de Inglaterra
 1968
Balón de Oro 1968
Elegido mejor jugador
 irlandés del siglo xx

GEORGE BEST,
1968. >

Si hubiera sido músico, habría muerto como Jim Morrison. Su guitarra fue su toque de balón. En inglés, George se escribe sin «s» al final, lo que no encaja con su múltiple personalidad. Se le llamaba «el quinto Beatles» pero este *play-boy* se parecía más al chico malo de los Rolling Stones. Sus conciudadanos decían que era el mejor. Él se lo creía, no por su apellido, sino porque era verdad. A los 25 años no tenía nada que envidiar a Marlon Brando o a Steve McQueen. Cuando murió, Irlanda se reconcilió alrededor de los restos mortales del héroe nacional, olvidándose de todo lo que separaba a católicos y protestantes. Si sobre el terreno ha habido alguien venerado, éste ha sido George Best, el primer jugador con impacto de estrella del *rock*. Alto, elegante, con gesto ligero, lo tenía todo. Su cara con sus patillas se convirtió en un icono de la talla del Che Guevara. En cada partido, despertaba la admiración de sus seguidores que veían como era capaz de hacer un pase decisivo con su espalda, beneficiándose de una extraña fluidez de movimiento. Además del balón, este moreno de ojos azules manejaba las palabras tan bien como Serge Gainsbourg y destacaba por sus aforismos. «He invertido mucho dinero en empinar el codo, en chicas y en coches. Y lo poco que me ha quedado, ¡también me lo he gastado!» En lugar de estar celosos, los chicos querían parecerse a él. Invitado por todos, el «diablo rojo» se dejaba embriagar. Después de sus encantadores regates y sus múltiples goles en Old Trafford, bebía champán colocando una montaña de copas en forma de pirámide para después irse en su Jaguar Clase E. El campeón no sabía decir «no». Su pasión por el fútbol lo salvó mientras ejerció su profesión. Sus compañeros Bobby Charlton y Denis Law no consiguieron protegerlo de todos los vicios que acabaron con su salud. Su talento discontinuo le quitaba las ganas de beber agua. «Georgie» se burló cientos de veces de los futbolistas modernos: «Beckham no es capaz de usar el pie izquierdo, ni de hacer un juego de cabeza, ni de atajar y no marca muchos goles. Aparte de eso, está muy bien...». Jugaba en un esquema táctico de cinco atacantes que tenían que bajar cuando no dominaban el partido. Un empate fuera de casa, era lo mismo que una derrota. Cuando los estudiantes salieron a la calle en 1968, él fue el diamante de un *dream team*. El 29 de mayo, en Wembley, dio al Manchester United su primera Copa de Europa de los Clubes Campeones desempatando en la final contra el Benfica, en el tiempo de descuento. Su gol en el minuto 93 permitió a los suyos ganar por un 4-1. Fuera del terreno, bebía para emborracharse. En 2002, le hicieron un transplante de

hígado, lo que no le impidió seguir bebiendo. En la cama del hospital, pidió que le hicieran una foto para que su decadencia física disuadiera a los jóvenes de que se autodestruyeran. El bromista reconoció que sólo dejaba de beber alcohol mientras dormía. Atento a la vuelta de los *Reds* en 1993, les hizo un cumplido con el que probó su amor por el juego: «Si hubiera podido jugar con Éric Cantona, no habría bebido jamás…» Para ilustrar la fantasía de Best, Denis Law consiguió hacer reír en el funeral de su amigo: «Cuando le decía a "Georgie" que no nos pasaba demasiados balones a Charlton y a mí, él me decía: ¡Me quedo el balón porque vosotros nunca os desmarcáis lo suficiente!» Desde su desaparición, su cara de niño volvió a florecer en Inglaterra. Best no tuvo derecho a hacerse viejo. Este poeta amaba tanto el fútbol como la lengua. «Tenía una casa en Los Ángeles, a orillas del mar. Pero para ir a la playa, tenía que pasar delante de un bar. Nunca he visto el mar…» Faulkner no lo habría dicho mejor. Alejado de cualquier romanticismo asociado con la bebida, Best padecía una enfermedad incurable: la melancolía de la infancia perdida. Cuanto más bebía para ahogar sus penas, más melancolía surgía. Mientras jugó, no envejeció ni un solo día. Su retirada del terreno de juego, acentuó la presencia de sus demonios interiores. El día de su muerte, su familia perdió su sol negro. Delante del cementerio, ni su padre, ni su hermana y ni su hijo podían creer que el hombre que les había hecho soñar no les volvería locos nunca más. Sin él, el espectáculo no podía continuar.

GEORGE BEST.
1969. >

RONALDINHO
EL RAPERO DEL FÚTBOL POSEÍA EL ARTE DE LA RUPTURA

Porto Alegre (Brasil)

Nacido el 21 de marzo
  de 1980

Centrocampista
(1,81 m, 78 kg)

Clubes: Grêmio Porto Alegre,
  Paris-Saint-Germain,
  FC Barcelona, AC Milán,
  Flamengo, Atlético Mineiro
  M-G

283 goles

80 partidos de selección
  (32 goles)

Palmarés:
Copa del Mundo 2002
Copa Confederaciones
  2005
Copa América 1999
Liga de Campeones 2006
2 Ligas españolas
2 Supercopas de España
Campeón de Río Grande
  1999
Balón de Oro 2005

RONALDINHO,
2006. >

El indio que se escapó de su reserva nunca encontró a su tribu. Sus amuletos estaban prohibidos en el césped. En el PSG, «chupó» banquillo. Fue como poner Dom Pérignon en la estantería de la gaseosa. Su gran talento hizo que fuera una bestia en el campo, como James Brown lo fue en el escenario. Se hizo notar desde muy joven con la *bola*, mimado por su hermano mayor, que prefirió ser un buen mánager que un mal jugador. El brasileño es tan bueno que creyó que estaría en forma toda la vida sin cambiar nada en su estilo de vida, olvidando que una noche de juergas se afronta mejor a los 18 que a los 28. Siempre tuvo conflictos con sus entrenadores, que no consentían ver al jugador perder la representación de sus patrocinadores en los entrenamientos rezagado y torpe. Tras una buena bronca, bajaba la banda, con el balón en el aire, como un delfín de Marineland de las Antillas. En un día bueno, todos los fuegos artificiales eran para él. Regates desconcertantes, pasamanos de piernas, golpes sin control, un verdadero rapero del fútbol. Miraba a la izquierda antes de pasar a su compañero de la derecha, un as del contrapié y del desajuste. Con la melena al viento, recorría su camino sin conocer la ruta. Sus pases eran tan bonitos como sus goles. Si fallaba en una acción, sonreía, incrédulo ante sus defectos. Ronaldinho rezaba, pero el dios al que llamaba podría ser él mismo. Hizo un anuncio en el que se le veía tirar desde lejos a la transversal que le devolvía el balón que él devolvió a su vez, sin detenerlo, a su punto de partida. ¿Un truco? Su fútbol ilusionaba porque hacía figuras que sólo él se sacaba del sombrero. Demasiado artista y poco artesano, acumulaba hazañas sin problemas de rentabilidad. En absoluto ahorrador, no iba de estrella adorada y tenía alergia a los focos. Imprevisible, llegaba a controlar el balón con los dos pies despegados del suelo. El improvisador no se ha visto envejecer y, tras el gran éxito de la Copa del Mundo de 2002, se durmió en los laureles y disfrutó de años buenos pegándose la gran vida en Barcelona, donde Rijkaard lo apartó del grupo. Rodeado de rumores, los periódicos sólo hablaban de los 63.000 euros embolsados por día. Huérfano de padre, *el Gaucho*, se desvaneció con los fantasmas. Futbolista de cabeza pero más de cuerpo, Ronaldinho fue su propio enemigo, él, que tanto regateó. Convertido en la sombra de su sombra, consiguió la proeza de firmar con el AC Milán con la esperanza de darse un nuevo impulso en el país de la *dolce vita*. Los *tifosi* esperan el renacimiento de la intermitencia del espectáculo, perdido en los senderos de la gloria.

ÉRIC CANTONA
EL ODIO DE LOS IMPOSTORES

Marsella (Francia)

Nacido el 24 de mayo
  de 1966

Atacante
(1,87 m, 87 kg)

Clubes: Les Caillols, Auxerre,
  Martigues, Olympique de
  Marsella, Burdeos,
  Montpellier, Nimes, Leeds,
  Manchester United

203 goles

45 partidos de selección
  (20 goles)

Palmarés:
2 Campeonatos de Francia
Copa de Francia 1990
5 Campeonatos de
  Inglaterra
2 Copas de Inglaterra
4 *Community Shield*
Mejor jugador de Inglaterra
  1996
Campeón de Europa
  Promesas 1988
Copa Kirin 1994
Nombrado mejor jugador
  del siglo xx en Inglaterra

Éric Cantona,
1996. >

Mucho antes de la denuncia de Jacques Glassmann durante el caso VA-OM, Éric Cantona daba un portazo al fútbol francés durante el periodo de la corrupción. La Federación Francesa de Fútbol (FFF) esperaba verle perecer, y sin embargo él se estaba encargando de hacer renacer el fútbol inglés, tras un parón de 6 años de suspensión europea a causa del drama de Heysel. El Manchester esperaba de Cantona que liberase el partido. Antes que él, Old Trafford había esperado la manifestación de la suerte. Su adaptación al juego británico fue inmediata. Más inglés que los ingleses, hizo que, a su lado, los autóctonos pareciesen extranjeros. Desde su llegada, el *pick and rush* se reemplazó por el *jeu à terre*. De la noche a la mañana, se convirtió en una estrella en un campeonato que precisa constancia, y no los esporádicos fulgores de un Mundial. Normalmente, la fama internacional exige una Copa del Mundo o una Liga de Campeones. Nada más llegar al Leeds, les ofreció a sus *fans* el título que llevaban esperando dieciocho años. Con los colores del Manchester United, conserva la misma vibración, para regocijo de los mancunianos, que se habían quedado atrapados en 1967. Técnica, táctica y forma física, el artista impresionaba desde el pasillo del vestuario. Cantona hizo que los ingleses cambiasen la imagen que tenían de los jugadores franceses. Sus partidos se retransmitían en Asia, África, Australia y toda Europa, en una época en la que un partido de su país natal no interesaba a nadie. Su entrenador, Alex Ferguson, le preguntó si merecía jugar en el Manchester United, a lo que Cantona respondió: «Y el club, ¿me merece?».

Aparte de sus innegables cualidades físicas y técnicas, Cantona cuenta con una combatividad a prueba de todo. Sin garra, no hay campeón. Decisivo, animoso, buen pasador, goleador, se hace con el Manchester y le dirige a la victoria. Diez años después de haberse retirado, 73.000 personas siguen cantando *La Marsellesa* (¡Oh! ¡Ah!, ¡Cantona!) en los momentos decisivos de un encuentro. En un solo fin de semana, Cantona sucede a Brian Robson, que parece haberse quedado atrapado en los cromos de *Panini*. El francés se encarga de la nueva hornada, traspasándoles su saber hacer para conseguir un juego óptimo. Así, Cantona mira por el bien del equipo, y no lo contrario.

Su presencia es un plus para los suyos. Para los británicos, es más importante ganar el título nacional que la Liga de Campeones. Los ingleses sólo se unieron al concierto mundial a partir de

1950; antes de esa fecha, consideraban que el resto del mundo no sabía jugar al fútbol. Los de Manchester *adoran a this Monsieur*, tal y como ellos mismos dicen. Cuando llega al aeropuerto de la ciudad, incluso antes de que le haya dado tiempo de recoger sus maletas, la noticia de su llegada ya circula por toda la ciudad. Y es que defendió los colores del Manchester United como ningún inglés lo hizo jamás. En Manchester, el fútbol no es una distracción para gente ociosa. Él impregna su propio ritmo a una nueva generación, marca los tiempos, gestiona tanto los buenos periodos del equipo, como los no tan buenos, revoluciona el método de entrenamiento y hace que todos comprendan que hay momentos para divertirse y otros para concentrarse. Su carisma aumenta al ritmo del palmarés del Manchester United. Su último año fue determinante para los jóvenes que se quedaban con la boca abierta ante su manera de jugar sin balón y de llevarse por delante a dos o tres defensores. Ninguno de sus títulos le llovió del cielo, a diferencia de tantos otros tricolores que sólo cuentan con el de campeones del mundo. Capitán de los Azules, al comienzo de la era Jacquet, al que sirve de pararrayos mediático, relanza al equipo francés, que no volverá a requerir de sus servicios durante las vacas gordas. En su lugar, seleccionan a muchos otros, tan carentes de audacia, que no han dejado ninguna huella. Y al no aceptar todo lo que se le venía, pronto se le encasilla en el papel del malo, mientras que a Zidane se le otorga el de chico amable. En el baremo de la impostura, prefiere hacer mutis por la puerta grande. Antes de 1998, el *King* demostró al mundo que los franceses sabían ganar. Tras su histórica incursión en el fútbol allende la mancha, todos los franceses que siguieron sus pasos le deben parte de su éxito. El jugador francés se puso de moda en la *Premier League* a fuerza de ofrecerles actuaciones brillantes incansablemente: ¿quién sino es capaz de cambiar de club y hacerle conquistar, desde su llegada, el trofeo? El marsellés jugaba todos los partidos que podía, cuando no le suspendían por pillarle en el flagrante delito de hacerse justicia. Si el colegiado no se encargaba de castigar la falta cometida sobre el *Red Devil*, éste aplicaba la ley del Talión: ojo por ojo y diente por diente. Sus compañeros le adulaban por su insaciable sed de victoria fuera de casa, en el terreno de los equipos más débiles, que deben, imperativamente, vencer en casa.

Para ser campeón, no basta con brillar en casa contra el Chelsea o el Liverpool. Se necesita, sobre todo, derrotar a los equipos agasajados con la venida del Manchester a su terreno, el club contra el que luchar cueste lo que cueste. Los aficionados del Leeds, ultrajados por su partida al club enemigo, le amenazaron de muerte, con lo que Cantona necesitó vigilancia. Autor de fórmulas inolvidables, admitió que quiso ganar el Tour de Francia desde que vio una bicicleta, y se pregunta qué significará esa pesadilla recurrente en la que se ve parado en medio del cielo en un avión, ante un semáforo en rojo. Los periodistas, ávidos de declaraciones, no se separaban de él un ápice, a la espera de que les lanzase algunas palabras, como las gaviotas esperan que los marinos les lancen los restos de la captura. Además de los campeonatos, cosecha dos copas gracias a goles cruciales. La competición más antigua del mundo del fútbol, retransmitida a nivel mundial, le otorga reconocimiento mundial al hombre público y púdico que ofreció el importe de las entradas de su entusiasmo a las familias de las víctimas del incidente de 1958, en el que murió la generación de Bobby Charlton. Para crear y dar alegrías, siempre está de acuerdo.

< ÉRIC CANTONA.
1996.

Raymond Kopaswewski
«KOPA»

Bobby CHARLTON

Manoel Francisco
dos Santos «GARRINCHA»

Ryan GIGGS

LOS
REYES

A ntes de ser rey de cualquier cosa, hay que serlo de la propia calle. Que sus amigos vengan a buscarle para jugar en el macadán

«EN EL FÚTBOL SOMOS REYES PORQUE LA GENTE NOS HACE REYES. NO LO SOMOS POR DERECHO DIVINO. HAY QUE MERECERLO».

es una buena señal. Hay reyes de un estadio, como lo es Henry en Highbury; de una ciudad, como Guardiola en Barcelona; o de un país, como el brasileño Garrincha. El cine tiene a Toto y el fútbol, a Totti. Al centrocampista romano, y orgulloso de serlo, no le gustaría leer en la prensa: «El milanés Totti» o «el madridista Totti» ya que romano es, y romano será. Cuando estuvo hospitalizado, la gente creía que era el Papa el que se moría, por la gran afluencia de periodistas que se presentó en la cabecera de su cama. Son raros los reyes que se expatrían sin conocer el exilio, excepto Di Stéfano, Puskas, Cruyff, Maradona, Platini y Zidane. Cantona fue rey en Old Trafford, donde sonaba *La Marsellesa*. Si miramos de cerca su palmarés, nos daremos cuenta de que allá donde fue siempre ganó. En Brasil, el rey Leónidas da Silva fue la primera estrella capaz de unir en su nombre el respeto de sus compañeros y la pasión de sus seguidores. Un día, inventó la «bicicleta», inclinando el cuerpo hacia atrás para realizar un giro decisivo. Primer futbolista afrobrasileño con gran inventiva, el goleador que hizo sublime el fútbol en el terreno de juego y en la sociedad. En la historia del fútbol, hay reyes y también hay actitudes reales: tras la derrota encajada por Inglaterra en 1953 que se coló ante el Once de Oro de Puskas, el defensa Alf Ramsey renunció a la selección: «Me han deshonrado», confesó. Trece años más tarde, el seleccionador fue el único que no gritó de alegría en Wembley cuando «su» Inglaterra fue coronada como Campeona del Mundo. Nunca olvidaría que vivió en esos parajes el fin del imperio británico en el planeta del fútbol. Su comportamiento es impensable en el siglo XXI época en la que los jugadores sienten la necesidad de jugar en el equipo nacional para que su imagen valga algo ante los patrocinadores. ¿No vimos a Raymond Domenech aferrarse a su puesto de seleccionador, como Cicerón se aferró a su orinal, tras la lamentable Eurocopa de 2008 a la cabeza de los azules, sin ánimo de jugar porque no se habían preparado lo suficiente? Algunos piensan que es heroico ya que la Federación Francesa de Fútbol (FFF) ofrece sueldos menos astronómicos que los de los clubes acomodados. Cuando todo se vuelve del revés, los principales afectados comentan: «No es más que fútbol...» Una tarde de triunfo, nadie recuerda esa evidencia.

EL URUGUAY DE JOSÉ ANDRADE.
COPA DEL MUNDO 1930. >

RAYMOND KOPA

EL PRIMER GRAN HÉROE DEL FÚTBOL FRANCÉS

Noeux-les-Mines (Francia)

Nacido el 13 de octubre
de 1931

Delantero
(1,69 m, 67 kg)

Clubes: Noeux-les-Mines,
Angers, Stade de Reims,
Real Madrid

190 goles

45 partidos de selección
(18 goles)

Palmarés:
3 Copas de Europa
de Clubes Campeones
4 Campeonatos de Francia
2 Ligas españolas
2 Copas latinas
Copa Charles Drago 1954
Copa Mohamed V 1962
Trofeo de Campeones 1955
Balón de Oro 1958

RAYMOND KOPA.
1956. >

Su arte del control del balón le permitía colocarse en una buena posición para así poder distribuir el juego. En los tres años que pasó en el Real Madrid, sólo se perdió un partido. Antes de él, los futbolistas eran vistos como esclavos. Su declaración en favor de la libertad de jugar a su manera en un club que él mismo eligiera encontró refugio en *France Dimanche*, en el verano de 1963. ¡El periódico de los escándalos! Es poco decir que a la prensa supuestamente seria le faltó valor: no quería ofender a los dirigentes que trataban a los futbolistas como trozos de carne de segunda. Estos últimos estaban férreamente ligados a su club, que los conservaba desde el principio hasta el final de su carrera. El que los empleaba vendía al jugador sin preguntarle. Después de su guerra por la libertad en el trabajo, la comisión jurídica suspendió a Kopa durante seis meses imponiéndole una condena condicional y acusándole de ser una ofensa para el fútbol francés. El revolucionario renunció a jugar en la selección francesa, mostrando así su desprecio por el seleccionador Georges Verriest, que lo culpó de los malos resultados de los tricolores, cuando a Kopa y a su mujer se les estaba muriendo su hijo pequeño, de cuatro años, Denis, por culpa de la leucemia. ¡Así se lo agradeció la FFF a la primera estrella del fútbol francés! Al final, y después de mucho insistir, se logró que a los futbolistas se les tratase como asalariados tan respetables como cualquier otro. En el terreno de juego, Kopa hizo que la audiencia del fútbol aumentase ya que era un creador constante. Líder indiscutible en el césped, era aquel al que se le daba el balón cuando no se sabía qué hacer con él. Transformaba en caviar un balón podrido dado en las peores condiciones. Kopa poseía todos los aspectos técnicos del deporte, por lo que se volvió todavía más popular en Francia gracias a su talento. De origen polaco, Kopa fue minero antes de realizarse en el terreno de juego. Demasiado hábil en el césped, el «as» de la liga del norte ya no volvió a trabajar bajo tierra, donde perdió un dedo, seccionado por un vagón de carbón. Un periodista del *Daily Express* le puso el apodo de «Napoleón del fútbol» al día siguiente del partido España-Francia (1-2) del 17 de marzo de 1955, disputado en Madrid, donde 125.000 personas conocieron al fenómeno que prefería más coger el balón y subir que hacer pases arriesgados. El héroe del Stade de Reims conservó su condición de estrella cuando firmó por el Real Madrid, que no había olvidado la producción de Kopa y que supuso que España se rindiera en casa con Jean Vincent. Francia se quedó demasiado pequeña para su talento. Finalista malogrado en la Copa de Europa

de Clubes Campeones en 1956 con la camiseta roja de Reims contra los madrileños, tuvo que volver a unirse a España para encontrarse de nuevo en la cima del fútbol europeo al término de la segunda final de la Copa de Europa. Especialista en regatear en un espacio pequeño, esquivaba a los defensores para llevar a cabo su empresa en la mayor parte de sus ataques. Al técnico sólo le faltaba una cosa en su armadura de campeón: el juego de cabeza. Es verdad que su cabeza sólo le servía para pensar. Y para pensar bien. Si bien Piantoni era un excelente jugador, no tenía esta influencia en el grupo que incita a los equipos a trascender. Asumiendo el papel de líder, el temperamento de ganador de Kopa daba ritmo al equipo de Francia y al Stade de Reims en el que jugaba. Con un compañero como ése a su lado, Piantoni no hizo más que mejorar y Fontaine avanzaba hacia la portería, a la espera de un buen balón que explotar. Médula espinal de la columna vertebral de los jugadores de Reims, Kopa llevó a su pequeño mundo a la selección nacional, que esperaba su momento de gloria después de mucho tiempo. Con todo el equipo de Reims vestido con la camiseta del equipo de Francia, estaba Albert Batteux, entrenador del club de la Champaña, respaldado por Jean Snella, otro maestro del balón. El primero era un adepto de la pizarra y el segundo contaba, sobre todo, con la facultad de improvisación de los jugadores. Esa mezcla táctica y práctica estaba encarnada por Kopa, que tenía como misión conservar el balón para distribuirlo lo mejor posible. «No leas los periódicos, no escuches la radio. Si renuncias a regatear, ¡te echo del equipo!» le decía Batteux para estimular su estrategia. Siempre bien peinado, como Jacques Anquetil, incluso después del esfuerzo, Kopa respetaba a los seguidores, que seguían sus partidos con la avidez que muestran los lectores impacientes por leer la segunda parte de un folletín, especialmente el capítulo del sueco que debutó en el bosque de Koppaberg. Una analogía de tal nombre no podía inspirar nada malo. Con Di Stéfano, Kopa escribió las grandes horas del Real Madrid, que todavía le envía invitaciones para asistir a los partidos que quiera. Este recuerdo falta en Francia. Madrid seguía todavía en el cénit mientras que Reims, el Racing Club de París y Sète cayeron en el olvido. Pionero en todo, Kopa lo fue también en el *marketing* donde su nombre se asociaba con artículos deportivos. Nada sorprendente. Vista su clase, merecía sacarle el máximo provecho. Contra todo pronóstico, la campaña sueca de los tricolores sorprendió a los que no habrían pagado ni un céntimo por su trayectoria en la Copa del Mundo de 1958. En Francia, hubo un antes y un después tras Kopa. Los hizo salir de la prehistoria. Kopa es todo un ejemplo, sobre todo, para aquellos que no lo han visto jamás sobre el terreno de juego.

< RAYMOND KOPA.
1960.

BOBBY CHARLTON
UN HÉROE DE LA CLASE OBRERA

Ashington (Inglaterra)

Nacido el 11 de octubre
de 1937

Centrocampista
(1,74 m, 72 kg)

Clubes: Manchester United,
Preston North End,
Waterford

274 goles

106 partidos de selección
(49 goles)

Palmarés:
Copa del Mundo 1966
Copa de Europa de Clubes
Campeones 1968
3 Campeonatos
de Inglaterra
Copa de Inglaterra 1963
4 Community Shield
Mejor jugador de Inglaterra
1966
Balón de Oro 1966

BOBBY CHARLTON,
1966. >

Procedente de la clase obrera, evitó todas las trampas de la fama. En 1962, cayó contra el Brasil (1-3) de Garrincha, en los cuartos de final, en Chile. En 1966, se convirtió en Campeón del Mundo (junto con su hermano Jack), en Wembley, contra los alemanes; y en 1970, Alemania le sacó de la competición en México… Este partido disputado el 14 de junio de 1970 en León se perdió por exceso de suficiencia. Alf Ramsay, curtido por la dolorosa derrota sufrida en 1953 contra los húngaros, quiso demostrar a su homólogo alemán Helmut Schön que no había ganado la final de la Copa del Mundo de 1966 con un gol litigioso. Cuatro años después, ese partido fue el reencuentro en el que Ramsay quería ganar. Con un marcador a favor de 2-0 a 20 minutos del pitido final, Ramsay decidió mandar su estrategia a los vestuarios. El entrenador ya se veía en la semifinal. Error fatal: Franz Beckenbauer y Uwe Seeler permitieron que los alemanes igualaran. Con la moral restablecida, los hasta ese momento perdedores de 1966 ganaron el partido en la prórroga gracias a un gol de Gerd Müller. Ramsay no sabía dónde meterse, culpado por todos los medios de comunicación ingleses. Faltó la calma de Charlton en una selección que se estaba deshaciendo. Sin su guía, los ingleses ya no supieron conservar el balón. Bobby Moore, la otra gran figura, que seguía en su posición defensiva, no pudo evitar el naufragio. Charlton fue derrotado sin poder defenderse aunque tenía los recursos para aguantar en el terreno durante todo el partido. Beckenbauer estaba en la gloria, él que ya le había aguado la fiesta a Charlton en 1966, impidiendo que se expresara con libertad en la final de la Copa del Mundo en Wembley. La salida prematura del líder del juego probó que él era el rey de corazones de Inglaterra. Sin él, ya no tenía buenas cartas en la baraja, a pesar de la presencia de Gordon Banks en la portería. Charlton pudo renovarse con el éxito que obtuvo en Old Trafford que bautizó como «el teatro de los sueños». Con la camiseta del Manchester United, dirigido por Matt Busby, escribió una de las más grandes páginas del fútbol moderno. Superviviente del accidente de avión de 1958, se preguntó mientras tanto si merecía la pena morir para ir a disputar un partido de fútbol europeo. El equipo volvía de Belgrado, donde se había clasificado para las semifinales de la Copa de Europa de Clubes Campeones, 3-3 contra el Estrella Roja, con dos goles de Charlton y uno de Dennis Viollet. El avión, detenido en Múnich para repostar, no pudo volver a despegar por el repentino cambio de tiempo y se partió en dos contra un bloque de casas. El equipo se había hecho una última foto justo

antes de subir al aparato, al lado de la pasarela. Entre las víctimas que se contaron en la carlinga llena de humo, había siete jugadores: el capitán y defensa izquierdo Roger Byrne, el centrocampista Mark Jones, el defensa izquierdo Geoff Bento, el medio derecho Eddie Colman, el interior derecho Liam Whelan, el delantero centro Tommy Taylor y el extremo izquierdo David Pegg. Todos tenían menos de treinta años. Charlton y sus amigos sanos y salvos no se alegraron de haber escapado a la muerte porque nunca volverían a ver a sus compañeros, además de a dos entrenadores adjuntos y al secretario del club. Los jugadores, así como todos los seguidores, rezaban para que Duncan Edwards se recuperara de sus heridas pero falleció dos semanas más tarde. Dieciocho veces seleccionado en el equipo de Inglaterra, el centro derecha de 21 años era el preferido de Old Trafford. Atlético y técnico a la vez, era muy influyente en el juego. Maldito sea el 6 de febrero de 1958, fecha en que la bonita historia se interrumpió a las 15:04 horas. Charlton no olvidará jamás el «temeroso silencio» de todo el conjunto de sus amigos cuando el comandante del *Elizabethan Aircraft* intentó por tercera vez despegar el avión de la pista nevada, a cerca de doscientos kilómetros por hora... Perdiendo para siempre la sonrisa, Charlton volvió a encarnar el alma del Manchester, rodeado por sus acólitos George Best y Denis Law, doble de Rod Stewart, que, herido, no pudo disputar la final de 1968. Diez años después del accidente de Múnich, los supervivientes, Charlton y Bill Foulkes, ganaron la Copa de Europa de Clubes Campeones. ¿Cuál es el secreto de Matt Busby? «La amabilidad: da los buenos días a la mujer de la limpieza con la misma consideración con la que saluda a un importante consejero de administración», asegura Charlton. El zurdo tenía un toque de balón de sensibilidad latina. En un universo de tonicidad física y de espíritu de lucha, aportaba la fantasía que marcaba la diferencia. Su tarjeta de visita estaba llena de récords. Sus escapadas por la banda izquierda, su camiseta roja de los *Red Devils*, la blanca de Inglaterra y su cabeza casi calva forman parte del patrimonio mundial del fútbol. Embajador de por vida del Manchester United, se le ve siempre en las tribunas. Los niños no saben que este octogenario fue el rey de los «Diablos Rojos». El 21 de mayo de 2008, subió a la tribuna con Ferguson, donde Platini los esperaba para entregarles la Copa de la Liga de Campeones: cincuenta años después de la catástrofe de Múnich. El superviviente abusivo sabe que Giggs y Scholes son los herederos de las «Flores del Manchester».

< Bobby Charlton.
1973.

GARRINCHA
UN FORZUDO CON ALMA DE RUISEÑOR

Pau Grande (Brasil)

Nacido el 28 de octubre
 de 1933
Fallecido el 20 de enero
 de 1983

Delantero
(1,71 m, 70 kg)

Clubes: Botafogo, Corinthias
 de São Paulo, Club Atlético
 Junior Barranquilla, Olaria

330 goles

60 partidos de selección
 (17 goles)

Palmarés:
2 Copas del Mundo
3 Campeonatos de Río
 de Janeiro
3 Torneos de Rio-São Paulo

El número 7 del Botafogo era a Pelé lo que Keaton a Chaplin. Sin habilidades para los nego-
cios, firmó contratos en blanco, que la empresa luego rellenaba a su antojo, pero malo era
para el que lo atacaba de frente, ya que se deshacía fácilmente de él como se deshace la tiza con una
esponja. El extremo tenía la manía de regatear, mezclando provocación y astucia como en un juego
de manos que lleva a pistas falsas. Nadie podía detener al jugador de las piernas arqueadas. Un
garrincha es un pájaro tropical pequeño desplumado y salvaje que muere en cuanto se le captura.
«Mané» los cazaba con piedras, no por sadismo, sino para comérselos. Afectado de polio y des-
nutrición, el chaval indígena se sometió a numerosas operaciones sin anestesia y fue el blanco de
burlas de sus compañeros, que acabaron por adorarlo desde que jugó con la *pelada* en un descam-
pado, a 80 km de Río de Janeiro. El séptimo hijo de un vigilante de fábrica ya no quería pasar más
pruebas después de haber sido rechazado por el Fulminense y el Vasco de Gama. Acomplejado por
su claudicación, se contentaba con ser un virtuoso para cien personas. Tras la insistencia de un
amigo, aceptó un nuevo intento, finalmente, fructuoso, en el Botafogo. La primera vez que el
defensa Nilton Santos se cruzó con él, ninguna de sus entradas impidió a este sonriente jugador
pasar. En Maracaná, el defensa hizo reír a 200.000 personas con su increíble regate *staccato* que
se hizo superfamoso. Se dice de él que representaba «el júbilo del pueblo». El carioca se colocaba sobre su lado derecho y lanzaba la pierna sobre el izquierdo, fingiendo pasar por el interior,
una vez, dos veces, tres veces, para al final ir por el exterior, sobre su derecha. Corriendo hacia la
portería, se le ha visto detener la carrera, volver atrás para regatear a un defensa que no había visto
y volver a correr para marcar. Su contoneo era el resultado de una fuerza muscular dorsal adqui-
rida para compensar la debilidad de sus miembros inferiores. Increíble lenguaje corporal. Se le
llamaba *Pau Grande*, nombre del lugar donde nació en el seno de una familia humilde. Y en Brasil,
Pau Grande significa «pilila grande»… Durante su época como profesional, a veces se quedaba a
jugar con su hermano en vez de ir a disputar un partido de liga, con el único propósito de ayudarle
como portero. Garrincha consiguió dos Copas del Mundo, que, sin él, no habrían sido más que
competiciones banales. En 1958, transformó en peonzas a los adversarios a los que esquivó con un
golpe de cadera. La siguiente edición se desarrolló sin Pelé, lesionado. Garrincha, el devorador
de espacio, ganó el Mundial de 1962 él solito, y el mundo entero hizo como si la aportación de Pelé

GARRINCHA.
1962. >

hubiera sido vital. Abandonando sus regates, Garrincha se colocó en el centro: «Es más fácil por aquí: ¡el camino a la portería es más directo!» Las gracias de Garrincha escondían sus heridas internas. Odiando hacerse pasar por un salvador, el creador mandaba a paseo a los que lo alababan: «¿Ganar la Copa del Mundo? No hay nada más fácil, sólo son seis partidos ¡y sólo de ida!» Si se le invitaba a ir a una fiesta para pavonearse ante los dirigentes que lo explotaban, él se quedaba en casa. La gente se empeñó en hacerle pasar por antisocial. Después de la segunda corona mundial, sus adversarios se mostraron más violentos en el terreno de juego experimentando numerosos esguinces y bloqueos en las rodillas. Al final de su carrera, los técnicos le administraban inyecciones de cortisona. Los medios le reprocharon que abandonara a sus numerosos hijos para irse a vivir con la cantante Elsa Soarez. Vivió la misma exclusión que afectó a Fausto Coppi, enamorado de la Dama Blanca. Pan bendito para la prensa, era perseguido por los fotógrafos, ya que cuando aparecía en una revista, éstas se acababan en unas pocas horas. *O Cruzeiro, Manchete Esportiva* y *Revista do Esporte* no dejaban de sacarlo en todas partes. Inocente, se dejó fotografiar sin rechistar medio desnudo en una sesión de entrenamiento; en los vestuarios mientras daba una calada a un cigarro del que tragaba el humo; meciendo la Copa del Mundo Jules Rimet como si se tratara de un bebé; en cuclillas en medio de sus siete hijas; disfrazado de chileno con una guitarra en la mano; montando un toro en España; empujando el balón en las inmundas calles de Pau Grande; con un tira-chinas, en medio de niños en una favela; en la tesorería de Botafogo el día en el que le ingresaban el sueldo en metálico; o con la postura de un cazador, escopeta en mano, con un perro de caza... ¡un teckel! El reverso de la medalla fue que unos reporteros sacaron a la ex Sra. Garrincha llorando delante de un retrato del futbolista clavado en una pared sujetando en sus brazos a su hija pequeña. Según la trilogía «lamemos, linchamos, dejamos», los periódicos brasileños querían sacar el máximo provecho del icono. Tras el éxito del pobre, la formación de la familia, la huida con la mujer adúltera, buscaban su decadencia. Publicaron fotos de su rodilla sangrienta bajo los golpes de los bisturís, su cara hinchada por el alcohol, hasta lo enseñaron destrozado por los medicamentos en una cama durante una de las quince curas de desintoxicación a las que se sometió en cuatro años. ¡Les pertenecía hasta a su cadáver! Alcohólico y sin dinero, intentó suicidarse tras la muerte de su suegra en un accidente de carretera en el que él conducía. Murió de una crisis etílica a los 50 años. El día de su muerte, sus restos mortales cruzaron Río de Janeiro, colocados en la gran escalera plegada de un camión de bomberos. Se había apagado el incendio Garrincha. Nadie más alumbraría el fuego en las defensas. Con la camiseta *auriverde*, nunca perdió con Pelé y no conoció más que una derrota en 60 selecciones. Garrincha debería haber tenido por epitafio aquellas palabras de Montherlant: «El delantero, este hijo perdido».

< GARRINCHA,
1958.

FRANCISCO GENTO

MONSIEUR SEIS COPAS DE EUROPA DE CLUBES CAMPEONES

Guarnizo (España)

Nacido el 21 de octubre
 de 1933

Delantero
(1,70 m, 69 kg)

Clubes: Racing de
 Santander, Real Madrid

253 goles

43 partidos de selección
 (5 goles)

Palmarés:
6 Copas de Europa
 de Clubes Campeones
Copa Intercontinental 1960
2 Copas latinas
12 Ligas españolas
2 Copas del Rey

Caer era una deshonra. Vestido de blanco, el extremo merengue entraba en el campo con la ambición de volver a salir de éste con el traje inmaculado. Se quedaba de pie, clavado en el suelo, como Picasso frente a su caballete. Colocado en su extremo izquierdo, la «bola de fuego» era una máquina de centrar a Di Stéfano, Kopa o Puskas. Importaba más marcar que brillar por brillar. El español buscaba su oportunidad, si sus compañeros tardaban en abrir el marcador para el Real Madrid. No sólo marcó muchos goles, sino que ofreció todavía más, ya que ayudó a que sus compañeros marcaran también. Tenía algo del guionista que escribe frases bien pulidas. Los conocedores del fútbol sabían lo que el Real Madrid le debía. Los demás hacían pensar a los espectadores que no habían comprendido que el texto de Jean Gabin estaba escrito por Michel Audiard. No quedándose en su sitio, el puro zurdo desestabilizaba a sus adversarios diestros. Su velocidad fue determinante en el reino del Real Madrid al principio de la Copa de Europa de Clubes Campeones que los madrileños ganaron de igual modo que Miguel Indurain se hacía con el Tour de Francia cinco veces seguidas. Los periodistas españoles lo bautizaron como la «Galerna del Cantábrico», inspirados por el viento del norte de esta región que se hilvana en el paisaje por entre los árboles como los extremos se infiltran en el seno de sus adversarios, tocándolos sólo por la espalda. ¿Cómo no recordar al torero que evita las cornadas del toro? Si le hablamos de la torpeza de su pie derecho, tenía una respuesta ya hecha: «¡Éste lo guardo para subir al autobús!» El presidente, fundador del Real Madrid, Santiago Bernabéu, hizo de él su personaje principal. Las estrellas extranjeras pasaron y a veces trascendieron, pero el jefe del Real Madrid no se separaría jamás de Gento, el santanderino que fue rey dos veces del estadio de 125.000 localidades, al lado de Di Stéfano. Se convirtió en Gento I a la salida del «Divino Calvo». Gento era una punta del tridente del WM (3-2-3-2) instaurado por el británico Michael Keeping, y recolocado por Villalongo, el entrenador que puso al Real Madrid en el trampolín europeo. Gento no sólo reinó en la Copa de Europa, sino que consiguió prolongar su historia de amor con la gloria hasta 1966. A los 33 años, algo le quedó de felicidad, ya que fue jefe de filas de la nueva ola. El monarca de la España oprimida por la dictadura franquista no era el rey Juan Carlos, sino Gento I.

FRANCISCO GENTO
1960. >

Frank RIJKAARD

Clarence SEEDORF

Paul SCHOLES

Lothar MATTHÄUS

LOS
PERROS DE PRESA

«CONTAR CON UN ARTISTA EN EL ONCE TITULAR, NO ES SUFICIENTE. PARA QUE PUEDA EXPRESARSE, TIENE QUE TENER EL BALÓN. LOS PERROS DE PRESA ESTÁN AHÍ PARA RECUPERARLO Y PASARLO».

Son al fútbol lo que el hormigón armado a las obras públicas. Si se ponen los adornos a la fachada antes de que la construcción sea sólida, la casa no resistirá a la intemperie. Los centrocampistas defensivos están en el campo para destruir los ataques adversos, cosa que no les hace famosos; sólo lo son para sus hinchas. ¿Quién recuerda dónde empezó la acción? Hace falta realmente amar el fútbol y sobre todo, conocer sus sutilidades, para apreciar a los que recuperan el esférico. Un balón recuperado y bien encauzado puede convertirse en un gol tras tres o cuatro pases. A veces su intervención es tan rápida que ni siquiera nos damos cuenta del peso que tienen en el partido. Claude Makelele es un buen ejemplo: el 90 % de sus intervenciones eran tan breves que permitían contraataques eficaces. En un registro menos sutil, Patrick Vieira y Roy Keane tienen más impacto en el terreno contrario. Equilibran en el encuentro todo su peso psicológico. Los relevistas imprescindibles son buenos en la recuperación. Ser destructor y constructor al mismo tiempo les da una dimensión excepcional. Lothar Matthäus pertenece a esta categoría rarísima de ladradores capaces de cortar pases milimetrados. Media banda con gran corazón, el meridional Jean-Jacques Marcel, fue pionero en este sector: animador del juego de medio campo, este internacional de los años 50 dejó un gran recuerdo tanto por la calidad de sus recuperaciones como por su visión de juego. No tenía la reputación del «abominable hombre de los estadios» del alemán Erhart. El Stade de Reims contó con el rigor de Armand Penverne que despejó un gran número de balones para Kopa, Fontaine, Vincent y Piantoni. En Italia, Giovanni Trapattoni fue un pilar del centro defensivo del AC Milán entre 1959 y 1971. Para poner en marcha un buen juego de pases cortos en Barcelona, donde no quería que nadie le quitara el liderazgo, Johan Cruyff asoció al perro de presa Ronald Koeman con Hristo Stoïchkov, Michael Laudrup, Josep Guardiola y José María Bakero, todos ellos futbolistas con un ego bien pronunciado. En Alemania, Karl-Heinz Schnellinger tuvo su momento de gloria el 17 de junio de 1970 cuando igualó el marcador 1-1 contra Italia, en el minuto 89 de la semifinal de la Copa del Mundo disputada en México: sonó el pitido de la revuelta pero los italianos ganaron en la prórroga. En Francia, Luis Fernández aportó su granito de arena en el edificio de los Azules. Con las espaldas caídas, no era muy agraciado, pero el incansable trabajador, tenía cualidades extraordinarias. Conocedor de sus límites, aportó a los Azules el coraje que le faltó en Sevilla en 1982. Los «muertos de hambre» son más apreciados que los superdotados linfáticos.

SEGUIDORES DEL ARSENAL, 1936. ▷

FRANK RIJKAARD

LA ESTRELLA NO TENÍA NECESIDAD DE «APLASTAR» AL HOMBRE

Amsterdam (Países Bajos)

Nacido el 30 de septiembre
de 1962

Centrocampista
(1,90 m, 87 kg)

Clubes: Ajax de Amsterdam,
Zaragoza, AC Milán

110 goles

73 partidos de selección
(10 goles)

Palmarés:
Campeonato de Europa
de Naciones 1988
3 Copas de Europa de
Clubes Campeones
Copa de Copas 1987
3 Copas Intercontinentales
3 Supercopas de Europa
5 Campeonatos de los
Países Bajos
3 Copas de los Países Bajos
2 Campeonatos de Italia
2 Supercopas de Italia
Mejor jugador de Italia 1992

FRANK RIJKAARD,
1994. >

Guapo, alto, fuerte e inteligente. Al holandés originario de Surinam no le faltaba nada. Jugador del AC Milán durante la última década del siglo XX, Rijkaard fue un elemento indispensable en el equipo de los Países Bajos de Rinus Michels, gurú del fútbol moderno. El holandés debutó en el Ajax de Amsterdam donde se le admiró por su capacidad de recuperación y talento organizador en los contraataques. Precoz en todo, entró a formar parte de la selección nacional a los diecinueve años. No había nada que detuviera su carrera de campeón. Cuando todos los grandes clubes querían contar con él, eligió el AC Milán, conquistado por Arrigo Sacchi, quien bajo las instrucciones de Silvio Berlusconi reconstruyó el club italiano cuando no era más que una zona siniestrada. El ofensivo entrenador apasionado por el fútbol eligió a Rijkaard como armadura defensiva con el fin de reforzar la presencia de Franco Baresi, «el hombre de hierro» *made in Italy*. En una segunda etapa, se le asoció con Ruud Gullit y Marco van Basten, que harían del AC Milán una verdadera fortaleza del fútbol. Sin descuidar su promoción electoral, Berlusconi obsequió a los apasionados con una estrategia táctica. Rijkaard fue un elemento motor del credo de Sacchi, que se alejó de la astucia y de la prudencia, actitudes fundamentales del juego italiano, para decantarse por la alegría de vivir, sin alejarse del realismo a la italiana. Rijkaard era tan astuto que conseguía muchas faltas directas. A caballo entre sus principios, el recuperador no abusaba de su fuerza física. Sin embargo, llegó a perder su sangre fría cuando en el Mundial de 1990, escupió en la espalda a Rudi Völler, creando una nueva página sobre las malas relaciones entre Alemania y los Países Bajos. Este espíritu metódico avanzaba poco a poco, tanto en el terreno personal como en el terreno de juego. No es de los que empieza con otra acción antes de haberla acabado. El centrocampista seguía empeñado en llevar a su equipo por el buen camino. Manejar un balón o conducir su propia vida o un coche, son cosas parecidas. Rijkaard sabía que había que ganar tiempo para hacer un contraataque. Acabada su temporada en Italia, volvió a su país para reinar en calidad de maestro absoluto. El enigmático impasible cambió el fin de su trayectoria de manera apoteósica, ganando una tercera Copa de Europa de Clubes Campeones con el Ajax, que ganó 1-0 al… ¡AC Milán! Once años más tarde, estaba a la cabeza del FC Barcelona, que ganó la liga de Campeones de 2006. No hay nada imposible para Rijkaard.

CLARENCE SEEDORF
EL ABONADO A LA FINAL DE LA LIGA DE CAMPEONES

Peramaribo (Surinam,
Países Bajos)

Nacido el 1 de abril de 1976

Centrocampista
(1,76 m, 72 kg)

Clubes: Ajax de Amsterdam,
Sampdoria, Real Madrid,
Inter de Milán, AC Milán

100 goles

87 partidos de selección
(11 goles)

Palmarés:
4 Ligas de Campeones
Copa Intercontinental 1998
2 Supercopas de la UEFA
2 Campeonatos de los
Países Bajos
Copa de los Países Bajos
1993
2 Supercopas de los Países
Bajos
Liga española 1997
Campeonato de Italia 2004
Copa de Italia 2003
Supercopa de Italia 2004

CLARENCE SEEDORF,
2007. >

Su inteligencia le permite hacer una lista de todas las características que tiene su director en ese momento para adaptarlas a su propia persona. El importante centrocampista ha logrado la satisfacción de ganar cuatro veces la Liga de Campeones con tres clubes distintos. Menos agresivo que su compatriota Edgar Davis, que inspiró la comparación con un perro de presa, Seedorf se identifica por su manera de aspirar el juego de los demás para poder aniquilarlos mejor. Resultado de la inagotable reserva de jóvenes brotes del mítico Ajax de Amsterdam que habría que clasificar en la UNESCO en el registro del patrimonio deportivo, Seedorf es un camaleón humano que se adapta en cualquier equipo. No es, en absoluto, evidente imponerse en Holanda, en España y después en Italia. Y sobre todo, conseguir alcanzar cada vez la cima de las cimas europeas. El políglota era bueno a la hora de descodificar las particularidades de cada juego. Inmigrante, al igual que muchos campeones de la segunda parte del siglo XX, Seedorf corre, rápido y bien, distancias astronómicas. A los 19 años, jugó durante cincuenta y siete minutos la final de la Liga de Campeones que el Ajax ganó el 24 de mayo de 1995, contra el AC Milán, para gran orgullo de su entrenador Louis van Gaal. Su toque de balón hace estragos por cuanto que puede lanzar en sus mejores condiciones. Si siente que está bien colocado y con un buen movimiento, tira con todas sus fuerzas. Puede marcar goles desde una distancia de cincuenta metros: no con una falta directa, sino en plena carrera, así se beneficia del factor sorpresa. La elección del club siempre es la correcta. Y los dirigentes que llaman a sus servicios saben que no conlleva ningún riesgo. No hay necesidad de enviarles una cinta de vídeo para juzgar las capacidades del neerlandés. En 1998, compartió las responsabilidades de centrocampista en la final de la Liga de Campeones con Karembeu y Redondo. Esta versión del Real Madrid se impuso ante la Juventus de Turín de Deschamps, Zidane y Davids. Transferido al AC Milán, ganó dos nuevas Ligas de Campeones. Seedorf no era de los que gritaban: «¡No tiréis más! La copa está llena...» Su ambición es la de administrar lo mejor posible los esfuerzos de la temporada para no perderse ninguna cita importante. Sin ningún tipo de complejo, juega con el 10 en la espalda. Antaño, este número estaba reservado a otros.

PAUL SCHOLES
LA CLASE ALTA SIN POLVO EN LOS OJOS

Salford, Manchester
  (Inglaterra)

Nacido el 16 de noviembre
  de 1974

Centrocampista
  (1,70 m, 70 kg)

Club: Manchester United

142 goles

66 partidos de selección
  (14 goles)

Palmarés:
2 Ligas de Campeones
Copa del Mundo de Clubes
  2008
Copa Intercontinental 1999
9 Campeonatos de
  Inglaterra
3 Copas de Inglaterra
2 Copas de Liga
6 *Community Shield*

El estratega recuperador no es de los que crea tendencia con su pelo rojo y su piel blanca, a mil leguas de los guaperas que destacan sobre todo por el brillo de sus *piercings*. Mientras el ex jugador del Manchester, Beckham, acumula una fortuna con «su imagen», el artista del balón se gana la vida gracias a su rendimiento deportivo. Dotado con la vista de los grandes, Scholes es el apartadero del Manchester United. El sentido de colocación, las llamadas del balón y la *grinta* (valor) del goleador decisivo forman a un jugador rarísimo. Consagrado a su club, renunció a la selección nacional donde otros juegan para hacerse valer. Su capacidad de hacer balancear un encuentro le hace uno de los mayores jugadores de su generación. Su corpulencia le da un centro de gravedad igual que el de Maradona que le permite resistir las cargas pesadas. Captando el balón en su campo, organiza los contraataques muy bajos. La capacidad de leer el juego del futbolista es un bien preciado por el equipo que puede contar con este catalizador para la coordinación de movimientos perfectos. En el Manchester, los jugadores pasan e incluso desaparecen, pero Scholes permanece. Desde la partida de Cantona, se convirtió en el depositario del juego de los *Reds Devils* basado en el ataque absoluto. Perdido en un mundo donde la arrogancia gana, el «anti-star» nacido en Salford hace sus compras en el supermercado de su barrio, en el anonimato absoluto. Enamorado de su mujer Clare, empuja el carrito de su bebé cuando las parejas improbables se exhiben en Saint-Tropez. Preponderante en el triplete de 1999, Scholes no asistió a la mítica final victoriosa del C1 contra el Bayern de Múnich por culpa de una suspensión. Su sueño por ganar la Copa de Europa más bella se hizo realidad en 2008. En semifinales, calificó a los *Reds* con un tiro maestro imparable para el portero del Barcelona. Durante la final de la Liga de Campeones, se lesionó gravemente en la nariz en un choque contra Makelele pero siguió en el terreno de juego de Moscú, sangrando como anteriormente lo había hecho el jugador de *rugby* Jean-Pierre Rives. Cuando los médicos lo dieron por perdido para el fútbol, víctima de problemas de visión, Paul envió un pase de lujo a Wes Brown que permitió a Ronaldo meter un gol de cabeza. Mejor que nadie, Scholes sabe manejar el estrés y vivir rápidamente cada segundo de un partido.

PAUL SCHOLES,
2007. >

LOTHAR MATTHÄUS

JUGABA PARA GANAR Y NO PARA GUSTAR

Herzogenaurach
(Alemania)

Nacido el 21 de marzo
de 1961

Centrocampista
(1,74 m, 71 kg)

Clubes: Herzogenaurach,
Borussia
Mönchengladbach, Bayern
de Múnich, Inter de Milán,
New Jersey Metrostars

167 goles

150 partidos de selección
(23 goles)

Palmarés:
Copa del Mundo 1990
Campeonato de Europa
de Naciones 1980
2 Copas de la UEFA
6 Campeonatos de Alemania
2 copas de Alemania
3 copas de la liga alemana
Campeonato de Italia 1989
Balón de Oro 1990

LOTHAR MATTHÄUS.
2000. >

Nadie quería poner una foto de Matthäus en su habitación. ¿Para qué provocar pesadillas? En el equipo contrario, su nombre era sinónimo de sufrimiento. A los 19 años, vistió la camiseta del Mannschaft con el número que antes llevó Beckenbauer convencido de que tendría el mismo papel de líder. Nadie antes se había podido poner esa camiseta. Jugando igual de bien como líbero que como centrocampista, tardó 2 años en familiarizarse con el fútbol de alta gama. Su trabajo le compensó: el suplente internacional pasó a ser titular por primera vez a los 21 años. Desde finales de los años 70 hasta 2001, Matthäus fue un maratoniano temido y temeroso que no dejaba de correr más que para ir a los vestuarios. Con la expresión siempre seria y la mirada poco amable, generó el temor del prójimo. Al final de los partidos, lucía una ancha sonrisa, siempre y cuando no hubieran perdido. Cuando no destrozaba el juego del adversario, construía el de su equipo. Alemania no tenía más que congratularse de sus servicios. Cambió el número 8 por el 10, para organizar la estrategia movediza de los suyos, notablemente en el Inter de Milán bajo la insistencia de Giovanni Trapattoni. Su mayor cualidad era poder adaptarse a los esquemas tácticos del equipo contrario. No era cuestión de resignarse a encauzar los asaltos de los enemigos. Las esperanzas que su federación puso en él iban más allá de sus esperanzas. Beckenbauer, convertido en seleccionador nacional, cedió el brazalete de capitán tras su derrota común en la final de la Copa del Mundo de 1986, frente a Argentina. Necesitarían cuatro años para tomarse la revancha. En Roma, Maradona abdicó y el dúo Beckenbauer-Matthäus vivió horas de encanto. ¿No fue maravillosa la final? No se le concedió ninguna importancia. En esta etapa de la competición, vale más ganar jugando mal que perder con un fútbol de ensueño. Alemania sofoca siempre a sus adversarios antes de dar acelerones colectivos, rápidos y notables. El fútbol de los Tricampeones del Mundo tiene el realismo tajante de los pragmáticos. Actor de 5 Copas del Mundo, Matthäus conoció dos reveses mordaces. En 1987 y 1999, cayó en la final de la Copa de Europa de Clubes Campeones contra Oporto y el Manchester United. Frente a los ingleses, dejó el terreno de juego yendo 1-0, diez minutos antes del final. Impotente en el banquillo, fue testimonio de la remontada inglesa 1-2 que le privó del trofeo. Creemos firmemente que con él en el campo, los jugadores del Manchester no habrían tenido la vida tan fácil.

Justo FONTAINE

Gerd MÜLLER

Luis Nazario de Lima
«RONALDO»

Raúl GONZÁLEZ BLANCO

Cristiano RONALDO

LOS
TIRADORES DE ÉLITE

«EL GOLEADOR ES LA PARTE VISIBLE DEL ICEBERG. LO MÁS NORMAL ES QUE LA GENTE VAYA AL ESTADIO PARA VER A SU EQUIPO MARCAR GOLES».

Se llevan todos los votos del público porque sin ellos, el fútbol no existiría. Según los grandes goleadores de la historia, el éxtasis provocado cuando tiemblan las redes contrarias, es comparable al placer sexual. Sin embargo nunca hemos visto a una pareja levantar los brazos y saltar de alegría al llegar al final de su viaje amoroso... Los goles son, en lo que a ellos se refiere, una parada decisiva en la búsqueda de la alegría que no tiene nada que envidiar a la de los atacantes que lo consiguen. De sobra sabemos que los mejores especialistas del género forman el «gotha» del fútbol, desde Puskas hasta Platini. Por supuesto que existen goleadores con clase, como Rush, Onnis, Bianchi, F. Inzaghi, Del Piero, Milla, Weah, Eto'o, Shevchenko, Drogba y Van Nistelrooy. A principios del siglo XX, los equipos tenían una fuerza de ataque formada por dos extremos, dos interiores y un delantero centro. En 1935, los equipos marcaban mucho, sobre todo Sochaux (94 goles) con el dúo Courtois-Abegglen, y el Racing Club de París, el fuerte de Roger Couard y de Fred Kennedy. Oskar Rohr en Estrasburgo y Jean Nicolas en Rouen, triunfaron. Durante los años 50, Jean Baratte, de Lille, y Gunnar Andersson tomaron el relevo en la cima de la clasificación de los mejores goleadores. En ese momento, el fútbol nutría tan poco a los jugadores que el sueco del Olympique de Marsella acabó arruinado en el arroyo. Con el paso de los años, los esquemas tácticos se empezaron a decaer con respecto a los diferentes principios, dejando la parte más cruda para los finalistas: 4-2-4; 4-3-3; 4-4-2 incluso 4-3-2-1. Los más brillantes, Josip Skoblar, del Olympique de Marsella, y Salif Keita, de Saint-Étienne, marcaron 44 y 42 goles respectivamente, en la temporada 1970-1971. En Inglaterra, Alan Shearer fue otro genio de las superficies, marcando veinticinco goles por temporada para acabar con un total de 422. A finales del siglo XX, Jean-Pierre Papin fue una bocanada de aire fresco en la L1 ya que renovó la tradición de los verdaderos *canardeurs*. Ya sean europeos, africanos o sudamericanos, los goleadores son tan egocéntricos que tienen que marcar en cada partido para sentirse bien consigo mismos. Reconocido como brazo fatal de la Juventus de Turín, David Trezeguet no es santo de devoción de la FFF que mostró su indiferencia con el que dio la Euro 2000 a Francia gracias a un gol de oro decisivo. Es lo mismo que privarlo de agua potable en el Sahara. Hoy, muchos atacantes llaman a la puerta de la historia: Messi, Bojan, Tevez, Benzema, Rooney, Torres, Toni e Ibrahimovic. Que pasen.

HUNGRÍA-BRASIL (4-2), COPA DEL MUNDO, 1954. >

JUSTO FONTAINE
EL HÉROE SINDICALISTA QUE NO TENÍA PELOS EN LA LENGUA

Marrakech (Marruecos)

Nacido el 18 de agosto
de 1933

Delantero
(1,74 m, 72 kg)

Clubes: US Marocaine
Casablanca, OGC Niza,
Stade de Reims

195 goles

21 partidos de selección
(30 goles)

Palmarés:
4 Campeonatos de Francia
2 Copas de Francia
2 Trofeos de Campeones
Récord de goles marcados
en una sola Copa del
Mundo (13 goles)

¡He aquí el autor de los 13 goles marcados en 18 intentos en el torneo! Con su habitual sencillez, el mejor goleador de la historia de la Copa del Mundo, en una sola edición, explica su éxito sueco porque ningún defensa lo conocía al principio de la competición. Este efecto sorpresa no permitió a los guardianes calmar su sed de goles. Se acercaba tan rápido a la portería, que a menudo se le veía solo en las fotos. Rodeado de jugadores todos ellos con más técnica, se benefició de los pases soberbios de Kopa, Piantoni, Marcel, Winsnieski o Vincent. En 1958, marcó en cada partido hasta la semifinal: Paraguay (3), Yugoslavia (2), Escocia (1), Irlanda del Norte (2), Brasil (1) y Alemania (4), para conquistar el tercer lugar. Ocho goles con la derecha, cuatro con la izquierda y uno de cabeza. ¡Más de una docena en seis partidos! Goleador nato, estaba imantado por la portería adversa. Poco interesado por los demás sectores de juego, se concentraba en el ataque. Una vez que se lanzaba, era imparable. Ejerciendo el arte de la finta en su paroxismo y el arranque instantáneo, esperaba a que el portero avanzara hacia él para engañarlo por la izquierda. Su rapidez no tenía nada que ver con su pausada manera de hablar, lo que le permitía prepararse mejor para la siguiente broma. En Suecia, ningún defensa consiguió acabar con él. Si Jonquet no se hubiera lesionado (fractura del peroné) contra los brasileños, Fontaine habría podido enviar a Francia a la final de la Copa del Mundo de 1958. Al estar prohibido el cambio durante el partido, los franceses quedaron demasiado tocados. A su llegada a Suecia, se decía que Fontaine estaba en baja forma, haciendo del doble de René Bliard, justo en el momento en el que el titular se lesionó en el campo. «Justo» calentó, salió al campo y triunfó. A su llegada al aeropuerto de Estocolmo, con su caña de pescar en la mano, parecía un turista. Él sabía que estaba en pleno *boom*, campeón de Francia con Reims y mayor goleador (34 goles en 26 partidos). Sabiendo que el equipo de Francia desarrollaba un juego colectivo, no pensó un segundo en batir el récord detenido por Sandor Kocsis, once goles en 1954. El goleador fue una revelación en Francia, gracias a Mario Zatelli, con la camiseta del OGC Niza, donde jugaba su compatriota Mahjoub. En 1954, Fontaine ganó la Copa de Francia frente al Olympique de Marsella de su ídolo Ben Barek, cuyo nombre había grabado en una mesa del instituto marroquí. La carrera del moro se vio interrumpida por dos graves lesiones.

Menos de dos años después de su actuación en tierra sueca, se rompió la pierna izquierda durante el partido Sochaux-Reims (0-1), en una carga demasiado dura de Sekou que le fracturó la

JUSTO FONTAINE,
1958. >

tibia y el peroné. Rehabilitado después de nueve meses de ejercicios, conoció una resurrección de corta duración. El 1 de enero de 1961, la pierna del delantero centro de Reims cedió de nuevo por el mismo sitio, sin soportar la primera rotación de base. Piantoni y los jugadores de Limoges consolaron al inconsolable, envuelto en lágrimas. Fontaine dejó para siempre el terreno de juego a los 28 años, después de haber marcado 30 goles en veintiuna selecciones (sin penaltis), con una media superior al rendimiento de Pelé.

El hombre desentonaba con los medios, utilizaba un discurso franco poco habitual y un humor irónico. El año de su despedida, Fontaine fundó con Eugène N'Jo Léa y el jurista Me Jacques Bertrand, el primer sindicato de futbolistas profesionales (UNFP). N'Jo Léa, leyenda del Saint-Étienne, declaró: «Para nosotros los africanos, el fútbol es un instrumento de lucha contra el subdesarrollo y por la afirmación de nuestra personalidad». Tras varias batallas jurídicas, la UNFP obtuvo la ratificación del contrato de duración determinada que otorgaba la libertad al jugador. Ese fue el fin de la esclavitud denunciada anteriormente por Kopa. El delantero pitorreándose no había hecho nada como los demás y como prueba fue el primer internacional francés al que mostraron la tarjeta roja: en el partido Bulgaria-Francia (0-1), dijo al árbitro que éste último estaba loco por pitar un fuera de juego cuando no lo era. El índice en la cabeza del delantero-centro no gustó al hombre vestido de negro que envió a Fontaine a los vestuarios el 11 de octubre de 1959.

Anteriormente, el goleador apreciaba poco tener que ver a Piantoni obligado a sustituir a los suyos, después de haber soportado un «atentado» de un jugador contrario. Durante los años 50 «los asesinos de los tacos» castigaban duramente toda impunidad. A Fontaine no le gustaba volver a empezar la derrota en esas condiciones cuando los tricolores eran invencibles desde su derrota en la Copa del Mundo de 1958 contra Brasil. Durante el mismo partido, rebajaron a Fontaine varias veces sin que se castigara al culpable. El anticonformista todavía se hizo notar por la brevedad de su estancia a la cabeza de la selección nacional: ¡destituido al final de dos partidos! En 1967 el multimillonario rojo Jean-Baptiste Doumeng hizo que lo nombraran a la fuerza a la dirección de los Azules, a pesar del deseo de los dirigentes del fútbol hexagonal que detestaban al jefe sindicalista que acabó el primero, con 28 años, de su promoción de entrenadores. Los viejos tacos de la FFF envidiaban a la estrella y lo acusaban de utilizar la defensa en línea. Lo culparon de las dos derrotas en casa contra Rumania y la URSS. Tuvo el mérito de hacer debutar a Charly Loubet, uno de los mejores extremos del fútbol, caído, desgraciadamente, en una generación de pequeña envergadura. No acordarse de Fontaine, es insultar al fútbol. En recompensa a sus 13 goles, Fontaine tuvo derecho a un fusil Husqvarna. Figura histórica, el eterno hombre récord adoraba contar esta historia inventada por Mario Zatelli, excañonero del Olympique de Marsella: «Una momia librada de sus vendajes pregunta en cuanto abre los ojos: ¿Se ha batido el récord de Fontaine? y después de los siglos, la respuesta sigue siendo No…»

JUSTO FONTAINE,
1958. >

GERD MÜLLER
EL BOMBARDERO DE LA POSGUERRA

Nördingen (Alemania)

Nacido el 3 de noviembre
de 1945

Delantero
(1,76 m, 76 kg)

Clubes: TSV Nördingen,
Bayern de Múnich, Fort
Lauderdale Strickers,
Smith Brothers Lounge
Fort Lauderdale

720 goles

62 partidos de selección
(68 goles)

Palmarés:
Copa del Mundo 1974
Campeonato de Europa
de Naciones en 1972
Copa Intercontinental 1976
3 Copas de Europa
de Clubes Campeones
Copa de los Vencedores
de Copa 1967
4 Campeonatos de Alemania
4 Copas de Alemania
Balón de Oro 1970

GERD MÜLLER,
1974. >

Fontaine es el mayor goleador en una Copa del Mundo, pero el alemán es el que más número de goles marcó en todas las Copas del Mundo que llegó a disputar. He aquí un jugador que nació goleador como el que nace rubio o moreno. Desde que empezó a jugar, quiso marcar. Ni hablar de ser portero o de defender. Esta atracción por el gol siempre ha sido su marca de fábrica. Con Uwe Seeler, Karl-Heinz Rummenigge y Ruddi Völler, el delantero pertenece al clan de los mejores jugadores de Alemania. El chico... cuando sólo era una aficionado, ¡marcó 22 goles en el mismo partido! A diferencia de sus homólogos, poseía un toque de cadera que le permitía hacer cosas que nadie más podía hacer. Se le veía dar punzadas de manera desesperada en el pequeño perímetro frente a la portería. Nada le asustaba. Podía golpear el balón con los pies en una última extensión.

Se decía que creaba un gran espacio. Nunca se había visto un jugador tan ágil en el centro de los seis metros. Cerró la boca rápidamente a los que se divertían llamándolo «Pequeño gordito» en sus inicios. El «hombre catapulta» golpeaba desde todos los ángulos cuando un balón le pasaba por delante. Le encantaba recuperar balones que nadie pensaba que se podían recuperar. Con los dos brazos frente a él, como si quisiera golpear al aire, apoyaba una rodilla en el suelo para golpear mejor el cuero que se dirigía a la muerte en el fondo de la red. Al final de su carrera internacional, su carta de visita tiene más goles que número de selecciones. A su palmarés le falta indicar sus toques decisivos. Su gol más famoso hizo llorar a Holanda, el 7 de julio de 1974. Irritado porque la final de la Copa del Mundo se le había prometido a Cruyff, el «Bombardero» Müller se encargó de hacer remontar a Alemania al paraíso del fútbol. Antes del final del primer tiempo, de espaldas a la barrera, controló un centro de Bonhof para girar después sobre sí mismo y tirar por la derecha del portero Jongbloed, impotente. Este tiro en pivote era su estilo favorito. Alemania se ponía en cabeza 2-1 en casa y nada ni nadie podía impedir a Müller estar en la cima de su carrera, ni siquiera Cruyff, el dios del fútbol despreocupado al que de pronto, habían burlado. Müller alzó el trofeo frente a los miles de compatriotas apelotonados en el Estadio Olímpico de Berlín. Esa fue la última vuelta de honor del primer Balón de Oro alemán. Con el cabello enmarañado y las patillas finas, el goleador adoraba dar el toque de gracia con su famoso dorsal 13. Sabía marcar y pasar el balón a cualquiera que estuviera en mejor posición que él. El trabajador del ataque marcaba con los dos pies y con la cabeza. Volvió a sus estudios, los maleducados que no lo encontraban elegante. Retirado, completamente aburrido, conoció un descenso a los infiernos, pero sus compañeros no lo dejaron caer. En agradecimiento por haberles salvado la vida tantas veces.

RONALDO

SABÍA QUÉ HACER CON EL BALÓN ANTES DE RECIBIRLO

Río de Janeiro (Brasil)

Nacido el 22 de septiembre
de 1976

Delantero
(1,83 m, 82 kg)

Clubes: Social Ramos Club
de Bento Ribeiro, São
Cristovao de Río de
Janeiro, Cruzeiro Belo
Horizonte, PSV Eindhoven,
FC Barcelona, Inter de
Milán, Real Madrid,
AC Milán, Sport Club
Corinthians Paulista

420 goles

97 partidos de selección
(62 goles)

Palmarés:
Copa del Mundo 2002
Subcampeón del Mundo 1998
Supercopa de la UEFA 2007
2 Copas América
Recopa de Europa 1997
Copa de la UEFA 1998
2 Ligas españolas
Copa de los Países Bajos
1996
Copa del Rey 1997
2 Supercopas de España
2 Balones de Oro (1997 y
2002)
Campeón del Estado de São
Paulo 2009

RONALDO,
1998. >

Sus pases de piernas hicieron felices a los realizadores de la televisión y amargaron a sus adversarios. En el cara a cara con los porteros, ganaba ocho de cada diez veces. No fue en vano que se le bautizara como *il Fenomeno*. A lo largo de la historia, son raros los jugadores que regatean en plena carrera a varios adversarios a la vez. A los cuatro años, recibió su primer balón y ya no lo dejó. Cuando se lo quitaban, lloraba como si lo estuvieran castigando. Ronaldo empezó su carrera demasiado pronto. Esta precocidad le exigió esfuerzos que su cuerpo no podía soportar sin dolor. A los 20 años, sufrió su primera lesión en una de las rodillas y lo operaron de una excrecencia ósea en la rótula derecha. Las inflamaciones de los miembros inferiores ya no cesaron, hasta el punto de recurrir a las infiltraciones de corticoides nefastas cuando jugaba en el PSV Eindhoven. A fuerza de abusar, masacraron sus tendones. Negarlo, era negar la evidencia. En 1999 y 2000 la misma rodilla se resintió de nuevo sin fricción con un adversario. El jugador del Inter, Ronaldo, se lesionó él solo en un mal giro. Ya en el Real Madrid, no encontró la explosividad que lo hizo leyenda. De vuelta al *calcio*, con la camiseta del AC Milán, se lesionó, esta vez en la rodilla izquierda, en febrero de 2008: ruptura del tendón rotuliano. De nuevo, la imagen de su rostro lleno de lágrimas dio la vuelta al mundo. El profesor Gérard Saillant fue de nuevo a su cabecera. El campeón pudo volver a jugar al fútbol. Ronaldo, por consideración, no retrasó más la incógnita. En 1998 fue hospitalizado por un malestar, el mismo día de la final de la Copa del Mundo contra la Francia de SDF. Sus compañeros de equipo estaban seguros de que Brasil no se irritaría en el césped del SDF antes del envío. Durante el partido, el delantero encontró los recursos para inquietar a Barthez que salió al gran partido preparado para detener los golpes pesados del Balón de Oro. Algunos periodos de paz le permitieron tener una gran influencia en los encuentros de la *Auriverde*. En 2002, llevó a Brasil del brazo, marcando ocho goles, en siete partidos, que ofrecieron el sexto título mundial de la *Seleção*. En la final, marcó dos goles a Oliver Kahn que apuntaba KO a Alemania. A pesar de sus recurrentes lesiones, el que siempre volvía ¡conquistó dos Copas del Mundo!

Con sobrecarga ponderal o no, Ronaldo tiene más talento que cualquier delantero avispado. En el mundo de los individualistas en que se ha convertido el fútbol, Ronaldo y Zidane construyeron una amistad digna de ver. Hicieron barrera a los murmullos de Pelé y de Platini que no querían envejecer por culpa de los nuevos virtuosos.

RAÚL GONZÁLEZ BLANCO
SU NOMBRE ES SINÓNIMO DE GOLEADOR DEL REAL MADRID

Madrid (España)

Nacido el 27 de junio
 de 1977

Delantero
(1,80 m, 76 kg)

Clubes: San Cristóbal,
 Atlético Madrid, Real
 Madrid, Schalke 04, Qatar
 Al Sadd

374 goles

102 partidos de selección
 (44 goles)

Palmarés:
3 Ligas de Campeones
2 Copas Intercontinentales
6 Ligas españolas
4 Supercopas de España
Supercopa de Europa 2002
Copa de Alemania 2011
Supercopa de Alemania
2011
Campeonato de Qatar 2013

RAÚL GONZÁLEZ BLANCO,
2007. >

Fiel al club de su juventud, el goleador sigue la misma tradición de Francisco Gento y Manuel Sanchís Hontiyelo, atados al club madrileño de manera afectiva. Llegado del Atlético de Madrid en 1992, es decir, de la casa de en frente, el quinceañero descubrió la exigencia madrileña. Sabía que tenía que vivir sin excesos para convertirse en un artista del fútbol y sobre todo sabía que quería el número 7, número que se le había metido entre ceja y ceja. Le hizo falta tener fortaleza mental para entrar en el club de sus sueños y que Di Stéfano había hecho brillar en el mundo entero. Para él, hacerse tan famoso como Emilio Butragueño, era más que suficiente. Imitando al «Buitre», aprendió a recuperar un balón podrido con el único fin de mandarlo al fondo de la portería contraria.

Raúl tiene características propias que hacen de él un pichichi histórico. Dejando de lado a los halterófilos y a los corredores de los 100 metros, hace uso de una fluidez que le permite infiltrarse en las defensas sin demasiado trabajo. El marco del Real Madrid desveló sus cualidades de velocidad de ejecución y de colocación que sólo los gigantes del fútbol tienen. De naturaleza calmada, Raúl dio el último toque a su técnica, ejecutando miles de veces los mismos gestos para que se convirtieran en automáticos. Por supuesto que no malgasta su tiempo en salidas estúpidas entre adolescentes.

La diferencia entre él y sus compañeros es que él ama al Real Madrid desde el punto de vista de un futbolista y no sólo desde el de un aficionado. Defendió la Casa Blanca en el centro del ataque y no con un banderín sino en el corazón de los debates como Orson Welles en medio de la pantalla.

El seleccionador, Luis Aragonés, descartó a Raúl del equipo de España cuando el delantero había conseguido el rango de mayor goleador de la selección con 44 goles. La victoria en la Euro 2008 no significa que el entrenador español sea un gran hombre y que Raúl sea un jugador pequeño. En el fútbol de las falsas lentejuelas, Raúl está aislado porque no es un muñeco de feria. No nos cansamos de verle besar su alianza cada vez que marca.

CRISTIANO RONALDO

EL SUPERDOTADO QUE PONE CELOSOS A LOS FANS CONTRARIOS

Funchal (Portugal)

Nacido el 5 de febrero
de 1985

Delantero
(1,84 m, 76 kg)

Clubes: FC Andorinha,
Nacional, Sporting CP,
Manchester United, Real
Madrid

357 goles

102 partidos de selección
(32 goles)

Palmarés:
Liga de Campeones 2008
Copa del Mundo de Clubes
2008
Copa de Inglaterra 2004
Copa de Liga 2006
3 Campeonatos de
Inglaterra
Charity Shield 2007
Copa de España 2011
Liga de España 2012
Balón de Oro 2008

CRISTIANO RONALDO,
2008. >

A menudo va más rápido que la música, pero la música es bella. Al final de un partido contra el Sporting CP, los jugadores del Manchester United suplicaron a sus dirigentes que ficharan al extremo portugués. Patalearon como un niño que da vueltas por el suelo para conseguir una consola en Navidad. Fueron seducidos por su propensión a no rechazar el cara a cara. Un riesgo continuo. Con él, eliminar al contrario se convierte en una travesura de recreo. Al principio de su carrera en casa de los *Red Devils*, las malas lenguas lo comparaban con un *pony* recubierto de acné juvenil. No veían al purasangre. La prensa londinense se rió de él porque regateaba sin parar, aún a riesgo de enredarse. Cuanto más le silbaban en el campo, más contento se ponía él. Eso quería decir que daba miedo. Sus sentadas fantásticas tenían el perfume de la *Camargue* bajo la lluvia inglesa. La prensa francesa institucional lo presentó bajo el ángulo de «icono gay». En Francia, todavía se prefiere a Poulidor que a Anquetil. Tras la muerte de su padre, C. Ronaldo levantó los ojos y el dedo índice al cielo para saludar al desaparecido.

Sus ojos brillaban con la pena característica de los huérfanos. El público fue receptivo a su talento gracias a su comportamiento extrovertido. El menor de sus gestos revelaba su pensamiento, su autocrítica o su parte cómica. Cuando se preparaba para tirar, abría las piernas, como un vaquero listo para el duelo en un *western* de serie B. Cristiano Ronaldo fue el superviviente de los campeones que encendieron Old Trafford. Guapo de cara. Regateador incorregible. Gran tirador de patada quieta. El que pasa. El que mete goles. El apóstol de tiro instantáneo es de la casta de Best y Garrincha. De él depende traer la «locura», prender fuego. En un mismo partido, marcó un gol con un golpe de cuello, hizo un pase decisivo de ala de paloma y dio un cabezazo decisivo. En 2008, el vencedor de la Liga de Campeones marcó 44 goles. Su ambición declarada ha sido siempre la de jugar en el Real Madrid, aunque el Manchester United le diera el megáfono por su talento puesto en valor por su compañero Wayne Rooney. Cuando ganó la C1 contra el Chelsea después de haber fallado un tiro a puerta, se echó a reír, él solo, tirado en el césped de Moscú con la cara contra el suelo. Tenía la risa nerviosa de aquellos que no se creen lo que ha sucedido. Ése es Ronaldo. Un niño feliz de vivir el presente. Los que no lo quieren, sueñan con tener como hijo a este Balón de Oro.

AGRADECIMIENTOS DEL AUTOR:

Abdel Aïssou, André Amitrano, Jean-Yves Allizan, Franco Arturi, Jota Barbosa, Lino Barbosa, Alain Bonifaci, Jean Boully, Didier Braun, Albert Camus, Éric Cantona, Ruy Castro, Franco Corti, Michel Dalloni, André Dehaye, Jean Eskenazi, Jacques Ferran, Yves Gastaut, Luca Giannelli, Peter Handke, Benoît Heimermann, Francis Huertas, Richard Kurt, Faouzi Mahjoub, Olivier Margot, René Marsiglia, Michel Nait-Challal, Roberto Notarianni, Maurice Pefferkorn, Emilio Piervincenzi, Nelson Piquet Senior, Jean-Philippe Rethacker, Roger Ricort, Jean-Christophe Rosé, Guy Roger, Jacques de Ryswick, Maurice Serrus, François Thébaud, Jacques Thibert et Friedrich Torberg.